EN VENTE A LA MÊME LIBRAIRIE

Collection in-18 jésus à 3 fr. 50

CONTES MOQUEURS, par Ch. Buet.................... 1 vol.
MÉDAILLONS ET CAMÉES, par le même.................... 1 vol.
LA FEMME DU COMIQUE, par L.-P. Laforêt, avec Lettre Préface de Emile Augier de l'Académie française.................... 1 vol.
LES LEPILLIER, roman par Jean Lorrain.................... 1 vol.
LES PROPOS DU DOCTEUR, par le Dr E. Monin secrétaire, de la Société française d'hygiène, inspecteur des écoles de la Ville de Paris etc 1 vol.
LE COMMANDEUR MENDOZA (mœurs andalouses), par Juan Valera, de l'Académie espagnole, traduction et préface par Albert Savine. 1 vol.
SOUS LA HACHE, par Elémir Bourges.................... 1 vol.
LE CRÉPUSCULE DES DIEUX (mœurs contemporaines), par Elémir Bourges.................... 1 vol.
MODERNITÉS, par Jean Lorrain.................... 1 vol.
LES ÉTAPES D'UN NATURALISTE, impressions et critiques, par Albert Savine.................... 1 vol.
UN HÉROS DE NOTRE TEMPS, récits : Béla, Maxime Maximitch, Taman, La Princesse Marie, Le Fataliste, Le Démon, poème oriental, par Lermontoff, traduit du russe, par A. de Villamarie...... 1 vol.
MADAME X, suivie de la Martingale de Dagobert, par Albert Pinard.................... 1 vol.
PREMIERS SOUPIRS, poésies diverses, par Paul Pourot....... 1 vol.
BAUDEMONT, par Jacques Lozère.................... 1 vol.
L'ORGANISTE, par Georges Maillard.................... 1 vol.
PARIS VIVANT, par Robert Caze.................... 1 vol.
VICE VERSA, par F. Anstey, traduit de l'anglais, par Ch. Bernard Derosne.................... 1 vol.
ROSELINE, par Georges Servières.................... 1 vol.
L'ÉCROULEMENT D'UN EMPIRE, roman contemporain, par Gregor Samarow (Oscar Méding), précédé d'une étude par M. Victor Cherbuliez de l'Académie française.................... 2 vol.
LE PAPILLON, roman traduit du catalan de Narcis Oller, par Albert Savine, précédé d'une préface de E. Zola.................... 1 vol.

L'ALLEMAGNE DE M. DE BISMARCK, par Amédée Pigeon, 1 beau vol. in-8, 3e édition.................... 7 50
LE FLEURET ET L'ÉPÉE, étude d'escrime contemporaine, par Ad. Corthey, avec couverture illustrée, in-8.................... 1 »»
VIVIANE, conte en un acte par Jean Lorrain, in-8.................... 2 »»

PUBLICATIONS ILLUSTRÉES

LES CIGOGNES, légende rhénane, rêvée et dessinée par Gustave Jundt, racontée aux tout petits; par Alphonse Daudet, 1 beau vol. in-4 raisin relié.................... 6 »»
LES ORPHELINS D'AMSTERDAM (histoire hollandaise), par Georges Duval, dessins de Henri Pille, 1 beau vol. in-4 carré relié..... 6 »»

SOUS PRESSE

LA MAUVAISE AVENTURE, par Camille de Sainte-Croix 1 vol... 3 50
UN CŒUR FÊLÉ, par J. Vidal, 1 vol. in-18 jésus.................... 3 50
LES MALAVOGLIA, par Giovanni Verga, traduit de l'italien, par Edouard Rod, 1 vol. in-18.................... 3 50

3334. — Abbeville, typ. et stér. A. Retaux. — 1885.

LA CRIMINALITÉ

COMPARÉE

A LA MÊME LIBRAIRIE :

3713. — ABBEVILLE, TYP. ET STÉR. A. RETAUX. — 1886.

LA CRIMINALITÉ

COMPARÉE

PAR

G. TARDE

PARIS
ANCIENNE LIBRAIRIE GERMER-BAILLIÈRE ET Cie
FÉLIX ALCAN, ÉDITEUR
108, BOULEVARD SAINT-GERMAIN, 108

1886

AVANT-PROPOS

Les études qu'on va lire ont déjà paru en majeure partie dans la *Revue philosophique*, et l'actualité, malheureusement trop évidente, de leur sujet, m'a engagé à les reproduire en les complétant. Partout, en France comme à l'étranger, en Italie notamment, les questions de criminalité et de pénalité sont à l'ordre du jour. Un besoin de réformes, qui n'a rien de factice, se fait sentir ici. Il n'est pas provoqué seulement par le débordement du délit, mais par la conscience chaque jour plus nette de ce mal croissant, de ses caractères et de ses causes, grâce aux progrès de la statistique. Cette source toute nouvelle d'informations, qui habitue le public contemporain à voir les faits sociaux en grandes masses, non pas confuses et douteuses comme les généralisations d'autrefois, mais aussi précises et aussi certaines que chacun de leurs détails, conduit à traiter toutes les questions sociales en homme d'État ; elle n'est pas pour rien, par exemple, dans la rénovation de l'économie politique dont l'individualisme ancien, quoi qu'il advienne de son socialisme d'école actuellement à la mode, a désormais fait son temps. La même méthode introduit dans l'étude de faits précisément opposés aux faits économiques, je veux dire des faits délictueux, un esprit novateur de même sens. Il n'est plus permis au criminaliste d'à présent d'être un simple juriste, exclusivement soucieux des droits sacrés de l'individu et en appliquant les conséquences, avec la logique scolastique d'un commentateur civil, à chaque espèce prise à part ; il doit être un statisticien philosophe, préoccupé avant tout de l'intérêt général. Il n'est pas mal non plus qu'il soit quelque peu aliéniste et anthropologiste ; car, en même temps que la statistique criminelle nous montre les délits en faisceaux et les délinquants en groupes, l'anthropologie criminelle croit découvrir la liaison du penchant aux divers crimes avec certains caractères corporels héréditaires, nullement individuels ; et la pathologie de l'esprit, par la connaissance plus avancée du système nerveux, sans parler même des expériences sur la suggestion anormale chez les hypnotiques, nous force à réédifier sur des bases plus profondes la théorie de la responsabilité pénale, à chercher bien au delà de l'individu le vrai principe et la vraie portée de ses actes. Statistique, anthropologie, psychologie physiologique : autant de voies scientifiques nouvelles dont l'étude renouvelée du crime, la *criminalité comparée* si l'on me permet ce nom, est en quelque sorte le carrefour. On ne prétend certes pas, dans le cadre restreint de ce volume, résoudre les problèmes qu'elle soulève. Il suffira à l'auteur d'apporter sa part de données et d'aperçus à ceux qui en élaborent les solutions. Mais il doit convenir aussi qu'une préoccupation systématique a été l'âme cachée de ce travail, et le lien étroit de ces fragments épars. Il y a cherché l'application et le contrôle d'un point de vue particulier auquel il s'est placé depuis longtemps en science sociale et qu'il croit très propre à éclairer un champ d'explorations bien supérieur à celui de ce livre. Dans le recueil cité plus haut, au cours des divers articles non reproduits ici, il en a plusieurs fois fait usage. Est-il cependant nécessaire d'ajouter qu'il s'est toujours efforcé de subordonner l'esprit de système à l'esprit de critique, et non d'asservir le second au premier? Il espère qu'en lisant ces pages on n'en doutera pas.

G. T.

Mai 1880.

LA CRIMINALITÉ COMPARÉE

CHAPITRE PREMIER

LE TYPE CRIMINEL

Êtes-vous curieux de connaître à fond le criminel, non pas le criminel d'occasion que la société peut s'imputer en majeure partie, mais le criminel inné et incorrigible, dont la nature, presque seule, nous dit-on, est responsable? Lisez la dernière édition de *l'Uomo delinquente* de Lombroso [1] qui va incessamment paraître en français. Combien il est regrettable qu'un ouvrage de cette force et de cette densité, qu'un tel amas d'expériences et d'observations aussi ingénieuses que persévérantes et où se résume le labeur non stérile de toute une vie, de toute une école novatrice, n'ait pas, depuis longtemps déjà, tenté la plume d'un traducteur français ! Peut-être, à vrai dire, le sujet ne paraîtra-t-il pas tout d'abord bien intéressant. Cette anatomie illustrée, physique et morale, de meurtriers, de fripons, d'odieux satyres *(stupratori)* est si minutieuse ! Leurs

[1] *L'Uomo delinquente*, par *Cesare Lombroso*, 3a edizione, con 17 tavole e 8 figure (Roma-Torino-Firenze, Fratelli Bocca, 1884). Traduction française chez Félix Alcan.

conformations crâniennes et corporelles, leurs photographies, leurs écritures, leurs façons de sentir ou de ne pas sentir la douleur ou l'amour, le froid ou le chaud, leurs maladies, leurs vices, leurs embryons littéraires, tout ce qui les caractérise, en un mot : que nous importe tout cela? — Pourtant, s'il est certain que la médecine a été le berceau de la physiologie et que l'état morbide éclaire l'état sain, il est au moins probable, aussi bien, que les recherches du criminaliste jettent des lumières sur les problèmes du sociologiste; ou plutôt on ne doit pas s'étonner de voir, suivant les prétentions justifiées de *la nuova scola, la criminologia* (c'est le titre du dernier ouvrage de M. Garofalo[1]) rentrer comme un cas particulier dans la sociologie, et compléter à ce point de vue l'économie politique dont elle est en quelque sorte l'envers. On peut lui accorder ce point, même alors qu'on ne regarderait pas le criminel d'aujourd'hui, suivant la thèse ou l'une des thèses de Lombroso, comme le dernier exemplaire devenu rare du sauvage primitif, en sorte que ce qui est crime à présent, fait antisocial, aurait commencé par être le fait social habituel, la règle et non l'exception.

I

Examinons donc séparément les caractères anatomiques, physiologiques, pathologiques, psychologiques enfin, qui se produisent avec une fréquence remarquable parmi les malfaiteurs habituels, et semblent signaler parmi eux les malfaiteurs héréditaires. Nous nous occuperons des adultes seulement, et principalement des hommes.

I. Anatomiquement, le criminel est en général grand et lourd[2]. Je ne dis pas fort, car il est faible de muscles, au

[1] *Criminologia,* par *R. Garofalo* (Roma-Torino-Firenze, Fratelli Bocca, 1885).

[2] Observons que, d'après Spencer, l'homme primitif, le sauvage, est *petit.*

contraire. Par sa taille et son poids moyens, il l'emporte sur la moyenne des gens honnêtes ; et cette supériorité est plus marquée chez l'assassin que chez le voleur. Je dois dire pourtant que les mesures de Lombroso à cet égard, prises en Italie, sont en contradiction avec les mesures prises en Angleterre par Thompson et Wilson, et ne s'accordent même pas toujours avec celles de son compatriote Virgilio (voy. p. 217 et 219). J'ajoute que, d'après Lombroso lui-même, les femmes criminelles sont inférieures aux femmes normales comme poids. Ce qui paraît hors de doute, c'est la grande longueur des bras qui rapprocherait le criminel des quadrumanes. Une autre singularité, non moins bien établie, et que je crois à propos de noter dès à présent, quoiqu'elle soit physiologique plutôt qu'anatomique, c'est la proportion extraordinaire des ambidextres. Ils sont *trois fois* plus nombreux chez les criminels, et *quatre fois* chez les criminelles, que chez les honnêtes gens.

Quant aux crânes, quant aux cerveaux, ils ont donné ici bien du mal aux anthropologistes, et Lombroso est obligé de confesser que leur peine a été souvent assez mal récompensée. D'abord, la capacité crânienne des malfaiteurs est-elle inférieure à la nôtre? Cela semble probable. Lombroso et Ferri disent oui, ainsi qu'Amadei, Benedict et autres ; Bordier et Heger disent non[1]. D'après ce dernier, les criminels l'emporteraient en nombre, précisément dans les capacités supérieures, celles de 1,500 à 1,700 centimètres cubes. En tout cas, il est certain que, dans les capacités intermédiaires et vraiment normales, leur nombre est plus faible; en sorte que leur supériorité, quand elle se produit, aurait les caractères d'une anomalie. Quoi qu'il

[1] Autres désaccords avec Weisbach et avec Ranke. D'après celui-ci qui a comparé cent crânes honnêtes à cent crânes criminels (les comparaisons de Lombroso ne portent pas sur des chiffres bien plus forts) la capacité moyenne des criminels est à peu près égale à celle des non-criminels, mais les criminels sont plus nombreux dans les capacités extrêmes, les plus hautes comme les plus basses.

en soit, leur capacité moyenne est bien supérieure à celle des sauvages, auxquels notre auteur, en bon darwinien, se complaît à les assimiler. Il est vrai que, par leur conformation crânienne et cérébrale, ils présentent avec ceux-ci de vraies similitudes, comme nous le verrons plus loin. On dirait que la régression de la *forme* a été jusqu'à un certain point compensée en eux, comme chez certains grands végétaux de type inférieur, par le progrès, au moins relatif, de la matière. Ce que je ne m'explique pas bien, par exemple, c'est que la tête des assassins ait été trouvée plus forte que celle des voleurs. Ne faut-il pas autant et plus d'intelligence pour combiner un vol que pour préméditer un assassinat? Cela peut tenir, nous dit-on, à ce que, comme on nous l'apprend, la brachycéphalie domine parmi les assassins, et la dolichocéphalie parmi les voleurs; car la forme ronde de la tête est plus avantageuse que la forme longue au point de vue du volume. A ce sujet on observe que Gall avait eu peut-être une intuition juste en localisant aux tempes la bosse de la cruauté. Mais, encore ici, le doute est permis par la contradiction des données, et en outre, la brachycéphalie des assassins fût-elle admise, serait-ce une raison de plus de les assimiler à nos premiers ancêtres? Non, si l'on remarque avec M. de Quatrefages, notamment, « que ce sont les troglodytes brachycéphales de la Lesse dont les habitudes inoffensives sont attestées par l'absence de toute arme de guerre, » tandis que « les hommes de Canstadt et de Cro-Magnon (dolichocéphales) se montrent à nous comme ayant déployé tous les instincts de populations chasseuses et guerrières[1]. »

En revanche, il paraît certain que les malfaiteurs ont le front fuyant, étroit et plissé, les arcades sourcilières saillantes, les cavités oculaires très grandes, comme celles des oiseaux de proie, les mâchoires avancées et très fortes, les oreilles écartées et larges, *en anse:* ce sont là des traits

[1] Voir *Hommes fossiles et Hommes sauvages*, p. 532.

bien nets de sauvagerie [1]. Ajoutons-y diverses anomalies qu'il serait trop long d'énumérer, et en particulier le défaut de symétrie crânienne ou faciale, prononcé et fréquent. 67 fois sur cent, cette irrégularité plus ou moins choquante a été observée par Roussel sur des criminels. On a donc plus raison qu'on ne croit quand on dit d'un homme vicieux qu'il est de travers. — La même asymétrie fréquente s'observe-t-elle chez les sauvages? Les anthropologistes n'en disent rien. — « Ce qu'il importe le plus de noter, dit notre auteur, c'est que la réunion de beaucoup d'anomalies à la fois dans un même crâne se présente, chez les criminels, 43 fois sur cent, tandis que chaque anomalie ne se présente isolée que 21 fois sur cent. » Elles se rattachent donc intimement les unes aux autres comme des fragments d'un type qui cherche à se constituer, ou à se reconstituer, dirait-on.

Lombroso attribue une importance particulière, et quasi paternelle, à une anomalie qu'il a découverte, à savoir [2] « celle d'une fossette moyenne, qu'on rencontre, au lieu de la crête, sur l'os occipital, dans la proportion de 16 pour cent chez les criminels, et de 5 pour cent chez les non-criminels. » La proportion est de 10 à 12 pour cent chez les fous, de 14 pour cent parmi les races préhistoriques, et de 26 pour cent pour les Indiens d'Amérique; mais ajoutons qu'elle est de 22 *pour cent* chez les Juifs et les Arabes, et n'oublions pas que, d'après la statistique criminelle française en Algérie, la criminalité des Arabes est bien inférieure à celle des Européens [3]. D'où je conclus

[1] Bien nets? Observons, par exemple, que le prognathisme ne caractérise exclusivement aucune race, et que, à l'opposé de la plupart des caractères réputés signes d'infériorité, il est moins accusé chez l'enfant que chez l'homme.

[2] Voir sa note sur *la Fossette occipitale*, dans *la Revue scientifique*, 1874, p. 575.

[3] En Algérie, sur dix mille Européens, il y a cent onze prévenus par an; sur le même nombre de Français, soixante et onze, et, sur le même nombre d'indigènes, trente-quatre seulement! On ne dira

que, si, à cet égard, le criminel peut rappeler le sauvage, le barbare ou le demi-civilisé, cette similitude d'ailleurs curieuse ne contribue nullement à expliquer pourquoi il est criminel.

Nota bene peu flatteur pour notre sexe. La femme criminelle, par ses caractères crâniologiques, est beaucoup plus masculine que la femme honnête. On sait, d'autre part, que le progrès en civilisation s'accompagne d'une différenciation croissante des deux sexes, comme le Dr Le Bon, entre autres observateurs, l'a fort bien montré.

Arrivons au cerveau. Son poids moyen, chez les criminels, paraît être à peu près le même que chez tout le monde; ce qui, entre parenthèses, n'est pas propre à confirmer l'infériorité relative à la capacité du crâne et l'assimilation favorite avec l'homme primitif. Mais, ce qui importe davantage, « lorsque l'on examine, dit le Dr Le Bon (Voy. *Revue philosophique*, mai 1881) les procès-verbaux d'autopsie des suppliciés, il est fort rare de n'y pas rencontrer la constatation de lésions cérébrales plus ou moins profondes. » Est-on cependant déjà en mesure de déterminer les anomalies du cerveau qui caractérisent le criminel comme on a pu jusqu'à un certain point spécifier celles de son crâne? Non. Seulement Lombroso se croit autorisé à conclure que la déviation fréquente du type normal rappelle ici *non rarement* « les formes propres aux animaux inférieurs ou les formes embryonnaires ». Si l'on essaie de concilier cette qualité inférieure du cerveau avec sa quantité considérable, on se trouvera encore une fois conduit à regarder le criminel comme la bassesse élevée à une haute puissance; et, à ce titre, il me paraît réaliser, non pas le portrait du passé, mais plutôt l'idéal d'une

pas, je pense, que la justice est plus portée à fermer les yeux sur les méfaits de ces derniers. — Quant aux Juifs, c'est le peuple le plus doux, le moins porté aux grands crimes, qui existe. Voir à ce sujet *l'Histoire des sciences* de M. Alph. de Candolle, p. 173 et suivantes, dernière édition.

civilisation qui, par hypothèse, serait matériellement progressive, intellectuellement et moralement rétrograde. — Disons aussi que, d'après Flecks, (cité en note par Lombroso), les anomalies des circonvolutions cérébrales, chez le criminel, sont de deux sortes, et que celles de la première catégorie ne se rattachent à aucune forme animale ou humaine, à aucun type normal, même inférieur.

N'omettons pas de relever des observations assez singulières : le criminel (et aussi bien la criminelle) est *beaucoup* plus souvent brun que blond[1] ; il est très chevelu et très peu barbu.—Méfiez-vous de l'imberbe, dit un proverbe italien. — Enfin, il n'a presque jamais le nez droit ; le voleur l'a retroussé, paraît-il, et l'assassin, crochu...

Cette dernière remarque peut faire sourire ; mais, en la lisant, je me suis rappelé l'importance un peu bizarre, non sans profondeur pourtant, que le vieil Hegel, dans son *Esthétique*, attribue à la forme du nez, pour expliquer la beauté du profil grec. Entre le front, où se concentre l'expression spirituelle du visage humain, et la mâchoire où la bestialité s'exprime, le nez lui paraît être l'organe intermédiaire qui contribue puissamment à faire pencher la balance en faveur de l'un ou de l'autre. Il tend, d'après lui, à rendre la bête ou l'esprit prédominant, suivant que, par une ligne droite à peine fléchie, il se rattache intimement à un front droit, uni et pur, dont la régularité pour ainsi dire se prolonge en lui, ou que, détaché du front déprimé et creusé de plis, par une ligne brisée, et lui-même camus ou même aquilin, il s'incorpore plutôt à la bouche et à la mâchoire, surtout si elles sont lourdes et proéminentes. Cette explication, je l'avoue, n'est pas des plus scienti-

[1] Encore une différence, probablement, avec l'homme primitif, qui aurait été roux, d'après Quatrefages (*l'Espèce humaine*). En tout cas, il résulte des recherches de M. de Candolle et d'autres auteurs que la coloration brune va se propageant aux dépens de la teinte blonde, ce qui veut dire qu'au début la première a été exceptionnelle.

fiques et n'enrichira pas beaucoup l'anthropologie. Mais je ne sais s'il sera facile à cette science de nous fournir une justification simplement utilitaire, nullement esthétique, des différentes formes du nez[1]. Il est certain au moins que par son front et son nez rectilinéaires, par sa bouche étroite et gracieusement arquée, par sa mâchoire effacée, par son oreille petite et collée aux tempes, la belle tête classique forme un parfait contraste avec celle du criminel, dont la laideur est en somme le caractère le plus prononcé. Sur deux cent soixante-quinze photographies (réduites) de criminels jointes à *l'Uomo delinquente* et quelques dizaines d'autres portraits disséminés dans le corps de l'ouvrage, je n'ai pu découvrir qu'un joli visage; encore est-il féminin; le reste est repoussant en majorité, et les figures monstrueuses sont en nombre. Méfiez-vous des laids encore plus que des glabres[2]! Il me semble donc qu'après avoir cherché à expliquer la silhouette criminelle, en la *comparant* à celle de l'homme primitif, toujours plus ou moins conjectural, on aurait pu l'*opposer* au type idéal de la beauté humaine, qui nous est dès longtemps bien mieux connu par les révélations de l'art ou de la nature, et compléter ou rectifier ainsi la première interprétation de ses caractères.

[1] L'importance du nez, comme caractère anthropologique, est très supérieure à celle d'autres caractères réputés à tort plus importants ou dont l'importance, ce semble, s'expliquerait bien mieux. Par exemple, le nez long est, à considérer les moyennes, exclusivement propre aux Blancs, et le nez épaté aux Nègres, tandis que la dolichocéphalie, et la brachycéphalie, la grande et la petite capacité crânienne sont, même eu égard aux moyennes seulement, réparties presque au hasard, entre-croisées ou juxtaposées dans le sein d'une même race. (V. Quatrefages, citant Topinard.)

[2] L'embellissement physique de la race importerait donc à son assainissement moral. Il n'est pas impossible qu'une sélection à rebours, opérée en Europe par nos grandes guerres notamment, ait quelque peu contribué à diminuer la moralité publique ou à entraver ses progrès. Ce n'est pas seulement, en effet, le plus pur sang, c'est la plus pure honnêteté de la nation qui, grâce aux conseils de révision, compose ses armées et se dépense dans ses batailles.

Hegel a bien défini cette idée idéale, comme celle où l'esprit domine, c'est-à-dire, pour préciser sa pensée à notre manière, celle où se marque l'épanouissement social, et non exclusivement individuel, de l'homme. Si la bouche et la mâchoire, par exemple, ne sont pas seulement propres à la morsure et à la mastication, mais encore au sourire et à la parole, elles sont belles; et elles sont d'autant plus belles que les deux fonctions sociales de parler et de sourire l'emportent davantage en elles sur les deux fonctions individuelles de mordre et de mâcher. Or, une mâchoire lourde, par exemple, est très bonne pour mâcher, mais très gênante pour s'exprimer ; aussi les anthropologistes nous donnent-ils la règle suivante : « La mandibule est plus pesante relativement au crâne chez les anthropoïdes que chez l'homme, chez les races inférieures que chez les races civilisées, chez l'homme que chez la femme et chez l'adulte que chez l'enfant. » Ces deux dernières remarques donnent à penser. En tout cas la facilité d'élocution des femmes n'est pas douteuse. (*Revue scientifique*, 9 juil. 1881, p. 54.)

Pour en finir avec le signalement anatomique, un caractère presque aussi indéfinissable qu'important, et presque aussi important à lui seul que tous les autres, c'est le regard. Il est terne, froid, fixe, chez l'assassin ; il est inquiet, oblique, errant, chez le voleur. Cette remarque mérite surtout d'être relevée parce qu'elle s'applique aux malfaiteurs de n'importe quelle nationalité ; et elle n'est pas la seule similitude de ce genre qui se produise, par une coïncidence singulière, entre des individus appartenant à des races différentes, et devenus, de la sorte, semblables entre eux, comme s'ils étaient parents. Lombroso signale ce fait à plusieurs reprises. « La fréquence des plis du front (*seni frontali*), dit-il, et du développement de l'arcade sourcilière est vraiment singulière, et c'est ce caractère peut-être qui, ajouté au front fuyant, explique la ressemblance curieuse des criminels italiens avec les criminels français et allemands. » Il invite ailleurs le lecteur (p. 265) à rapprocher plusieurs photographies qu'il lui désigne, et fait observer avec raison qu'elles se ressemblent entre elles étonnamment, quoiqu'empruntées à diverses races européennes. Ainsi le criminel se singulariserait non seulement en ce qu'il échapperait à son type national, mais encore en ce que ses anomalies à cet égard se ramèneraient à une règle, et son atypie elle-même serait typique. C'est étrange, et je ne sais jusqu'à quel point les théories darwiniennes sont propres à rendre compte de ces similitudes non produites, ce semble, par voie d'hérédité. Je ne demanderais pas mieux que d'y voir des phénomènes d'atavisme et de leur donner ainsi pour cause une hérédité remontant très haut. Mais je ne puis m'empêcher de songer à ces familles naturelles d'esprits littéraires que Sainte-Beuve, de son côté, s'est avisé de dessiner magistralement dans l'un de ses *Lundis*, groupes non moins harmonieux et quasi fraternels et cependant formés d'écrivains non moins étrangers les uns aux autres par la race et le climat. Or, dira-t-on aussi que ces variétés délicates du verger spirituel, que ces fleurs doubles de l'imagination poétique surmenée et *surcultivée* sont des évocations du lointain passé, des réminiscences héréditaires de l'homme sauvage ? Je ne conteste pas l'hérédité pourtant, ni la sélection ni le progrès ; mais je me permets de soupçonner, par-dessous tout cela, une grande inconnue encore à dégager. Avis peut-être aux idéalistes de l'avenir, qui, probablement d'ailleurs, ne ressembleront guère à ceux du passé[1]. A ce point de vue, par exemple, il serait intéressant d'examiner la question de savoir si, dans une

[1] Voici comment M. Lacassagne, l'éminent professeur de médecine légale, directeur des *Archives d'anthropologie criminelle*, résume le type du criminel d'après Lombroso et d'après lui-même. « Les caractères anthropologiques les plus importants et vraiment distinctifs seraient : le prognathisme, des cheveux abondants et crépus, la barbe rare, la peau souvent brune et bistrée, l'oxycéphalie (la tête pointue), l'obliquité des yeux, la petitesse du crâne,

race donnée, ce sont les échantillons ordinaires du type, ni beaux ni laids, qui se ressemblent le plus entre eux, ou si ce sont au contraire les exemplaires de choix, soit en bien, soit en mal. Les belles femmes, dirait-on, sont bien moins dissemblables entre elles que les femmes laides ou médiocres. Et les hommes éminents en perfection morale ne sont-ils pas plus près de se ressembler en tout pays et en tout temps que les scélérats consommés? S'il en était ainsi, on pourrait soupçonner quelque convergence, quelque orientation naturelle des multiples voies de l'évolution spécifique vers un même idéal ou si l'on aime mieux vers un même état d'équilibre supérieur.

II

Nous pouvons être bref sur les caractères pathologiques et physiologiques. Dire, avec notre auteur, que le criminel est un fou, c'est dire qu'il est malade. Il est *très sujet* aux maladies du cœur notamment, et à diverses affections de la vue, telles que le daltonisme et le strabisme[1].

le développement des mâchoires et des os molaires, le front fuyant, les oreilles volumineuses et en anse, l'analogie entre les deux sexes, la faiblesse musculaire. Ce sont là autant de signes qui, ajoutés aux résultats des autopsies, rapprochent le criminel européen de l'homme préhistorique ou du Mongol. » (*Revue scientifique*, 1881, t. I, p. 683.) Il y aurait à distinguer les sous-types de l'assassin, du voleur et du *stuprator*.

[1] La fréquence de ces anomalies de la vue a d'autant plus d'importance, comme le remarque Lombroso, que la part du cerveau dans le phénomène de la vision apparaît chaque jour plus grande, et que, « d'après les recherches de Schmutz, cinquante pour cent des gens atteints de ces affections, présentent de graves perturbations du système nerveux, telles que l'épilepsie et la chorée. » Il est surprenant toutefois, que la vue des criminels soit remarquablement perçante. En ceci, ils tiennent du sauvage, comme en celu du fou. Ajoutons qu'ils ont fréquemment des tics nerveux. On remarquera que Lombroso, qui a étudié si minutieusement la vue et le toucher de ces malheureux, ne nous dit rien des particularités de leur ouïe. Il serait intéressant de savoir si ces daltoniens ont l'oreille juste et fine.

Mais, comme, avec cela, sa longévité, que son insensibilité explique peut-être, est des plus remarquables, il n'y a pas à s'apitoyer longtemps sur ses infirmités. Déjà même ceci nous avertit d'y regarder à deux fois avant de le considérer comme un malade, et par conséquent comme un fou. Folie et longévité s'excluent.

On nous assure que le criminel a en général une voix de ténor ou de soprano, soit. — J'ai déjà dit qu'il est trois ou quatre fois plus souvent ambidextre que l'honnête homme. Par ce trait, et par son agilité souvent prodigieuse, il est simien. Il est bestial encore par son insensibilité relative à la douleur et au froid, mesurée à l'aide d'instruments spéciaux. Il rougit difficilement. Mais ici nous touchons aux caractères psychologiques, auxquels nous avons hâte d'arriver.

Avant d'aller plus loin, cependant, demandons-nous quels services pratiques peut rendre déjà à la justice criminelle la connaissance des résultats que nous venons d'esquisser. Étant donné un homme qui présente au physique le type criminel bien caractérisé, dirons-nous que cela suffit pour être en droit de lui imputer un crime commis dans son voisinage? Aucun anthropologiste sérieux ne s'est permis une telle plaisanterie. Mais, d'après Garofalo, si l'on constate ces anomalies typiques sur un individu qui vient de commettre son premier crime, on peut, avant même qu'il ait récidivé, assurer qu'il est incorrigible et le traiter en conséquence. Peut-être est-ce aller encore bien loin. Il me semble qu'entre cette opinion et le scepticisme exagéré de *Rüdinger* [1], il y aurait un milieu à garder et qu'à titre d'indices sérieux, mais d'indices seule-

[1] « Rüdinger, dans un travail très sérieux et très consciencieux sur les caractères physiques des délinquants, confesse que l'anthropologie criminelle se présente avec un appareil imposant de faits, mais que ses déductions ne sont pas encore applicables aux recherches pénales. » Bonvecchiato, Sulla terza edizione dell *Uomo delinquente* del Prof. Lombroso, p. 23. Estratto dal fascicolo VI del giornale *Rivista Veneta di Scienze Mediche*.

ment, comme dit Bonvecchiato, ces traits accusateurs doivent être pris en considération. Ferri nous assure que, sur plusieurs centaines de soldats examinés par lui, il fut frappé d'en remarquer un, un seul, que son physique stigmatisait homicide ; et on lui apprit que ce malheureux avait été, en effet, condamné pour meurtre. Sur huit cent dix-huit hommes non condamnés, Lombroso n'a observé qu'une ou deux fois le type criminel complet, et quinze ou seize fois le type à peu près complet. Pour les condamnés, la proportion est une dizaine de fois plus forte. Combien de magistrats instructeurs ne croient pas perdre leur temps en recherchant péniblement des présomptions moindres ! Quand je songe qu'on est si souvent obligé de s'en rapporter à des renseignements, à des certificats fournis par un maire et dictés par la camaraderie ou l'intérêt électoral ! Sous l'ancien régime, d'après *Loiseleur*[1], les commentateurs des lois criminelles, Jousse et Vouglans, comptaient au nombre des graves motifs de suspicion la *mauvaise physionomie* de l'inculpé. En fait, même de nos jours, il n'en faut pas plus, dans certains cas difficiles, pour décider un juge hésitant entre deux individus à poursuivre. Le mérite de l'anthropologie est d'avoir cherché à préciser les causes de cette impression que tout le monde ressent plus ou moins à la vue de certains visages, et à éclairer ce diagnostic. Néanmoins, ici comme en médecine, les meilleures descriptions ne sauraient suppléer au contact fréquent et multiple des malades, je veux dire des malfaiteurs. Le besoin d'une *clinique criminelle* se fait sentir, comme complément de l'École de Droit, à l'usage des jeunes gens qui se destinent à la justice pénale, et pour qui c'est un si mince bagage, comme le remarque si justement Ferri, d'avoir approfondi le Digeste, voire même le Code civil. La fréquentation obligatoire des prisons pendant six mois leur vaudrait dix ans d'exercice. J'estime,

[1] *Les Crimes et les Peines*, par Jules Loiseleur. (Hachette, 1863.)

avec cet éminent écrivain, qu'une ligne de démarcation presque infranchissable devrait séparer, par suite, les deux magistratures, celle qui se nourrit de crimes et celle qui vit de procès.

Après la publication des lignes qui précèdent dans *la Revue philosophique*, j'ai été invité par M. Lombroso à développer l'idée qui y est indiquée sommairement, et à en faire l'objet d'un rapport au Congrès international d'anthropologie criminelle qui s'est réuni à Rome en novembre dernier,—et qui, disons-le incidemment, a eu le plus grand succès. — Dans le programme des questions à discuter, ma thèse était ainsi formulée : « Les étudiants en droit ne seraient admis au cours de droit criminel qu'à la condition de se faire préalablement inscrire comme membres d'une Société de patronage des prisonniers, présidée par leur professeur. En cette qualité, ils seraient astreints, soit isolément, soit en corps, à des visites hebdomadaires aux prisons, surtout aux prisons cellulaires, les plus rapprochées du lieu de leurs études, et apprendraient de la sorte à connaître les délinquants et les criminels, en même temps qu'à pratiquer et à propager un des remèdes les plus efficaces contre le fléau de la récidive. L'utilité serait triple : pour les étudiants, pour les condamnés, et pour le public. » — En mon absence, M. Ferri m'a rendu le service de prêter amicalement son talent oratoire à cette proposition adoptée par lui. Aussi, après une vive discussion, dont il rend compte dans son rapport final (publié dans *la Revue scientifique* du 9 janvier 1886) a-t-il fait accepter cette idée, malgré les difficultés que soulève, en apparence, son application.

Toutefois, remarquons-le, si l'on met en parallèle les apports vraiment féconds, soit pratiques, soit théoriques même, dont le criminaliste actuel est redevable à l'anthropologie, avec les enseignements de tout genre que lui fournit la statistique philosophiquement interprétée, on devra avouer que, de ces deux sources où, comme le dit encore avec raison Ferri, l'école nouvelle a largement puisé pour revivifier le Droit Pénal; la seconde est de beaucoup la plus abondante et la plus claire. On ne manquera pas de s'en apercevoir si l'on compare *les Nuovi Orizzonti* du statisticien que nous venons de citer, avec *l'Uomo delequente*[1].

III

Arrivons aux caractères psychologiques. La faible aptitude à souffrir physiquement que révèle le criminel, explication peut-être de son aptitude plus faible encore à compâtir et à aimer, et seul fondement de son courage quand par hasard il est courageux, ne tient-elle pas en partie à ce qu'il se recrute d'ordinaire dans les classes illettrées, où la même impassibilité se remarque, à un degré moindre il est vrai, comme les chirurgiens le savent bien? C'est probable. Il n'est pas douteux, en effet, que la culture de l'esprit poussée à un certain degré ait pour effet direct d'étendre et de creuser le champ des impressionnabilités douloureuses et sympathiques, donc des généreuses affections. Et par là, elle est certainement moralisatrice, puisque, après tout, à la base de l'idée morale, l'argument le plus solide et le plus convaincant, — avouons-le, ô philosophes! — c'est la pitié, c'est la bonté, c'est l'amour. Si donc elle semble au contraire, d'après les inductions tirées de la statistique criminelle, s'accompagner aujourd'hui d'une démoralisation sensible, c'est que, par quelqu'une de ses influences indirectes et momenta-

[1] Ce n'est pas que Ferri ne s'occupe aussi activement d'anthropologie. Son livre sur l'*Omicidio*, impatiemment attendu, complétera à cet égard celui de Lombroso. Voir, en attendant, ses *Nuovi Orizzonti del diritto et della procedura penale, seconda edizione con tavola grafica* (Bologna, Nicolo Zanichelli, 1884). Nous avons le plaisir d'apprendre qu'une traduction française de cet ouvrage, sous titre de *Sociologie criminelle*, est en voie de préparation.

nées, elle doit neutraliser parfois son action première, par exemple en détruisant dans certains milieux certaines convictions ou certains respects plus rapidement qu'elle ne les remplace.

Il y a ici des étrangetés : le criminel se montre peu sensible au froid, mais très sensible à l'électricité, à l'application des métaux et aux variations météorologiques. Il est peu affecté par la souffrance subie, et il est vivement impressionné par la peur d'un danger, tel que la vue d'un poignard ou l'annonce d'un prochain interrogatoire. Le difficile était de trouver sa *corde sensible*. Lombroso l'a cherchée avec amour, on peut le dire, avec un amour scientifique, anthropologique, qui ne perd aucune bonne occasion de mesurer et de chiffrer. Mesurer tout le mesurable, en effet, et rendre indirectement mesurable ce qui ne l'est pas directement, n'est-ce pas là le but de la science, comme le but de la littérature est d'exprimer tout l'exprimable et de suggérer ce qui ne peut s'exprimer? Pousser à outrance en ce qui concerne l'homme le premier de ces besoins, c'est le fait de l'anthropologiste, aussi bien que du psychophysicien, pendant que nos littérateurs et artistes réalistes surexcitent le second. Serrer la réalité par tous les bouts à la fois, voilà le but commun. Il n'y a donc pas à excuser Lombroso de ce que ses hardiesses peuvent avoir d'étrange. De complaisants coquins lui ont permis d'examiner et d'enregistrer sur des planches *ad hoc*, à l'aide du sphygmographe, la manière dont bat leur cœur sous l'impression d'un compliment flatteur à eux adressé, d'un louis d'or ou d'une photographie de *donna nuda* présentés, d'un verre de vin offert. Ces courbes sont curieuses. Elles montrent le malfaiteur essentiellement vaniteux, et moins cupide, moins galant même qu'ivrogne. Le sphygmographe, d'ailleurs, n'est pas seul à l'attester. La statistique témoigne que les progrès de l'alcoolisme sont parallèles à ceux de la criminalité; l'observation directe des criminels prouve que leur rêve est non pas la femme précisément, mais l'orgie, qu'ils aiment l'orgie, *la noce*, comme les princes aiment une grande chasse ou les dames un grand bal. Mais, de leurs conversations et de leurs actions, ce qui ressort surtout, c'est, outre leur insensibilité et leur imprévoyance profondes, leur vanité incommensurable, d'où leur ridicule amour de la toilette et des bijoux et leur prodigalité fastueuse après le crime[1]. Notre auteur va jusqu'à prétendre que « la vanité des délinquants surpasse celle des artistes, des littérateurs et des femmes galantes ! » Joignons-y la vengeance et la férocité, la gaieté cynique, la passion du jeu, et enfin la paresse, qui va le plus souvent jusqu'à la saleté corporelle. Ce n'est pas tout, j'y ajouterais volontiers le goût du mensonge pour le mensonge.

« Le criminel ressemble donc bien plus, moralement, au sauvage qu'à l'aliéné. » Le sauvage aussi est vindicatif, cruel, joueur, ivrogne et paresseux. Mais le fou, Lombroso est forcé de le reconnaître ici, se distingue du malfaiteur par des différences importantes, psychologiques aussi bien qu'anatomiques et physiologiques. Le fou n'aime ni le jeu ni l'orgie ; il prend en horreur sa famille, et le malfaiteur aime souvent la sienne ; il recherche autant la solitude que le malfaiteur la société de ses pareils ; « et les complots sont aussi rares dans les hôpitaux d'aliénés que fréquents dans les bagnes et les prisons. »

Quant à l'intelligence des criminels, elle a été surfaite. Ils sont inintelligents, mais rusés, dit Maudsley, dans son livre sur *le Crime et la Folie*. Chacun d'eux a ses procédés, toujours les mêmes ; ils se répètent, ces spécialistes du délit. Ils sont incapables d'inventer, mais ils sont à un assez haut degré imitateurs. Encore une différence avec le fou, dont le propre est d'être soustrait à l'influence des exemples ambiants, et retranché par là de la société de ses

[1] « L'avare, bien moins que le prodigue, est enclin au crime ; et, quoique moins sympathique en général, devant la justice pénale comme devant l'économie politique, il vaut mieux. »

semblables, tandis que de bizarres combinaisons d'idées, qui seraient des inventions ou des découvertes si elles étaient utiles ou vraies, sillonnent de leurs feux follets sa nuit mentale. Aussi ne devons-nous pas nous étonner que le *minimum* de criminalité statistiquement révélée se trouve dans le monde des savants. La folie, en effet, plus que le crime, est l'écueil fatal des esprits très cultivés, savants, lettrés ou artistes.

Les différences morales que je viens de noter entre le criminel même incorrigible et le fou sont caractéristiques à mon sens, et, quoiqu'il y ait nombre de soi-disant criminels qui sont de vrais fous, par exemple Guiteau[1], elles défendent de confondre, en général, les uns avec les autres[2]. Mais la question mérite d'être examinée avec plus de soin. Le fou, être isolé, étranger à tous, étranger à lui-même, est par nature *insociable* autant qu'*inconséquent*, et l'un peut-être par suite de l'autre ; il n'est pas *supra-social* en quelque sorte comme l'homme de génie, il n'est *qu'extra-social*. Le criminel, lui, est *antisocial*, et par suite sociable à un certain degré. Aussi a-t-il ses associations, ses usages, son langage propres, comme nous allons le voir bientôt. Seulement, il est moins sociable qu'il ne faut, et cela suffit, dans un état de société donné, pour être antisocial. Deux trains d'inégale vitesse peuvent se heurter quoique dirigés dans un même sens. Voilà pourquoi les malheureux dont la conformation atavique rappelle par hypothèse, dans une certaine mesure au moins, celle des sauvages primitifs, sont un danger pour notre civilisation, bien qu'ils eussent pu être, quelques-uns du

[1] Voir à ce sujet une brochure du Dr Ernesto Bonvecchiato, médecin de l'asile Saint-Clément à Venise : *A proposito di un processo scandaloso*. Venezia, tipografia Ferrari, 1884.

[2] Maudsley semble établir entre le crime et la folie une sorte de balancement. « Le crime, dit-il, est une sorte d'émonctoire par lequel s'écoulent leurs tendances malsaines ; ils deviendraient fous s'ils n'étaient pas criminels, et c'est parce qu'ils sont criminels qu'ils ne deviennent pas fous. »

moins, l'ornement et l'élite morale d'une tribu de Peaux-Rouges. Ils n'eussent peut-être pas été tous criminels alors. Plus d'un, sans nul doute, fût resté attaché aux coutumes et aux préjugés de son milieu, plus approprié à son tempérament ; et n'est-ce pas ce qu'en tout temps et en tout pays on appelle être honnête? — Car, — et ceci nous conduit à signaler une autre grande différence inaperçue entre la folie et le crime, — le crime est chose tout autrement relative et conventionnelle que la folie. Ce type criminel que Lombroso nous esquisse, c'est celui de notre époque ou de notre ère ; mais, qu'il soit ou non une survivance des temps où la sauvagerie couvrait le globe, il est clair qu'en cette primitive période historique, le type criminel était tout autre, à savoir, peut-être, un type d'artistes et de délicats, de femmes sensuelles et sensibles, gens impropres au pillage des tribus voisines, et nés quelques siècles trop tôt.

Des dix crimes que les lois hébraïques, d'après Thonissen, punissaient de la lapidation, (à savoir l'idolâtrie, l'excitation à l'idolâtrie, la consécration à Moloch, la magie, l'évocation des esprits, la désobéissance obstinée aux parents, la profanation du sabbat, le blasphème, le viol de la fiancée d'autrui, l'inconduite de la jeune fille attestée par l'absence des signes de la virginité au moment de son mariage,) il y en a neuf qui ont cessé d'être des délits même dans nos sociétés européennes, et le dixième, à savoir le viol de la fiancée d'autrui, est resté crime, mais dans un tout autre sens ; car c'est la violence faite à une femme comme telle qui est maintenant punie, et non l'outrage fait à celui dont la fiancée est violée. D'autres crimes étaient punis par le feu, le glaive ou l'étranglement : fausse prophétie, *prophétie même vraie faite au nom des dieux étrangers*, adultère *de la femme*, coups *ou malédictions* à des ascendants, vol au préjudice d'un israélite, homicide volontaire, bestialité, sodomie, inceste. On voit encore que plusieurs de ces crimes ne sont plus même des contraventions et que la gravité relative des autres a beaucoup changé. En Égypte, le plus grand des forfaits était de tuer un chat. Est-ce à dire que le peuple hébreu, ainsi que tous les peuples anciens, commettait une absurde erreur en qualifiant criminels des actes jugés aujourd'hui inoffensifs? Non, car ils n'étaient pas inoffensifs, loin de là, pour leur organisation sociale dont ils sapaient les fondements. Telle organisation sociale, telle délictuosité: en Égypte, une forte amende était infligée à l'artisan qui s'occupait des affaires publiques; dans nos sociétés démocratiques, à l'inverse, on serait bien près de punir légalement les électeurs qui s'abstiennent de voter. Tel but, tel moyen : la pénalité n'est qu'un outil. Ces peuples ne se trompaient pas plus en cela qu'en réputant vertueux des sentiments parfois réprouvés par nous. Car le système des vertus n'a pas moins souvent été remanié au cours de l'histoire que celui des crimes et des vices. Aux yeux des Arabes, les trois vertus cardinales sont encore, non la probité, l'amour du travail, la bienfaisance, mais bien la valeur, l'hospitalité et l'ardeur à *venger le sang*.

Retenons surtout ce fait que la gravité proportionnelle des divers crimes change considérablement d'âge en âge. Au moyen âge, le plus grand des forfaits était le sacrilége; puis venaient les actes de bestialité ou de sodomie, et bien loin ensuite le meurtre et le vol. En Égypte, en Grèce, c'était le fait de laisser ses parents sans sépulture. La paresse tend à devenir, dans nos sociétés laborieuses, le plus grave méfait, tandis qu'autrefois le travail était dégradant. Il viendra peut-être un moment où le crime capital, sur un globe trop plein, sera d'avoir une famille nombreuse, tandis qu'autrefois la honte était d'être sans enfants. Aucun de nous ne peut se flatter de n'être pas un criminel-né relativement à un état social donné, passé, futur ou possible. Vous avez des goûts littéraires, un grand penchant à faire des vers; prenez garde. Versifier va devenir un phénomène d'atavisme, un vol de votre journée de travail fait à la communauté, une excitation criminelle, antimalthusienne, à l'amour et à la famille. Le fondateur des ordres mendiants et errants eût-il jamais cru que la mendicité et le vagabondage deviendraient un délit? — M'objectera-t-on pourtant qu'il y a des instincts, des penchants innés, liés à une organisation physique correspondante, qui, dans tous les états sociaux imaginables, seraient jugés nuisibles, antisociaux, délictueux? Je le nie; j'admets seulement, et cela ne revient pas au même, — si du moins on refuse de croire avec moi à la *spécificité* des penchants naturels, — que certains actes spécifiés ont été de tout temps considérés comme criminels, notamment le fait de tuer et de voler *une personne du groupe social dont on fait partie*. Taylor l'a fort bien remarqué. D'ailleurs, même le penchant à la cruauté lâche ou à la rapacité astucieuse *exercé en dehors de ces limites*, exercé parfois aussi et par exception, dans l'intérieur de ces limites quand l'usage[1] l'a permis, a eu son utilité sociale. Donc je ne vois aucun type anthropologique qui, de tout temps, ait mérité l'épithète de criminel.

Par suite, il est toujours permis de dire d'un criminel, quel qu'il soit, que, mis en sa place, il eût été un honnête

1. L'infanticide, on le sait, n'était pas un crime à Sparte, ni l'avortement; la pédérastie ni la piraterie à Athènes; l'inceste en Égypte, en Perse, chez les Incas; l'homicide n'a été nulle part un crime, quand il s'est accompli en l'honneur des dieux; et le meurtre des vieillards, demandé souvent par eux-mêmes, fut une œuvre de piété filiale. Agamemnon n'était pas un criminel de naissance, ni même d'occasion, en immolant sa fille. Devons-nous appeler criminels les Arabes d'Algérie qui, pour obéir à la coutume et consommer leur mariage avec leur femme épousée trop jeune, commettent de véritables viols conjugaux, suivis parfois de la mort de la victime, et assimilerons-nous ces faits aux viols d'enfants de treize ans qui se commettent dans les lupanars de Londres? (V. *la Criminalité chez les Arabes*, par le Dr Kocher.) Je lis dans Lyall (*Mœurs religieuses et sociales dans l'Extrême-Orient*): « Les sacrifices humains ont toujours été fréquents dans l'Inde, au moins comme un dernier ressort pour apaiser la colère divine... et l'on soupçonne que tel est encore le véritable motif *d'assassinats mystérieux* qui se répètent de temps à autre. » Ces religieux assassins méritent assurément une place à

homme, peut-être un héros. Mais toutes les catégories de démence vraie que nous connaissons, ont été de véritables folies aussi bien dans le passé qu'à présent, quoique, dans le passé, beaucoup de ces maladies cérébrales, comme beaucoup de maladies corporelles, aient été mal connues, et que nombre d'extatiques et de sorcières, les unes priées à genoux, les autres brûlées vives, aient été de simples hystériques. Ce erreurs sur leur compte ne nous empêchent pas d'affirmer, nous, que les fous réputés ou non réputés tels de leur temps l'étaient réellement, quand nous trouvons dans leur biographie les symptômes manifestes de leurs désordres organiques, du désaccord de leurs sensations avec la nature extérieure qui n'a pas changé. Mais nous avons beau savoir qu'un homme a tué ou volé jadis, nous ne sommes pas toujours en droit de le regarder comme criminel, puisque la criminalité est un rapport, non avec l'immuable nature, mais avec l'opinion et la législation changeantes du milieu social.

Enfin, si l'on se place au point de vue de Lombroso, entre la folie et le crime il y aurait précisément la même différence qu'entre l'éloquence et la poésie. On naît criminel, nous dit-on, mais on devient fou, c'est certain. La

part dans le casier du crime, si tant est qu'ils doivent y être compris. Je lis encore dans le même ouvrage: « Dans l'Afghanistan, des villageois qui vivent près de notre fontière (anglaise) se sont récemment entendus pour étrangler un saint demeurant au milieu d'eux, *afin de s'assurer la possession de sa tombe sur son territoire*, (à cause du pouvoir réputé miraculeux de la tombe des saints). » Peut-on assimiler de tels actes à nos homicides européens ? Mais j'oubliais qu'à Naples, d'après Garofalo, on a parfois torturé des religieux, réputés doués du don prophétique, pour les contraindre à révéler le numéro gagnant du prochain tirage d'une loterie, et que « les violences charnelles y sont souvent causées par la pensée que de tels contacts procurent la guérison de certaines infirmités. » — D'après Sumner-Maine, « les deux sociétés celtiques établies dans les îles britanniques (en Écosse et en Irlande) étaient notoirement adonnées au vol du bétail », coutume qui n'avait rien de déshonorant chez elles, pas plus que la piraterie chez les Phéniciens, pas plus que la séduction des femmes chez les Européens modernes.

folie, en effet, est si bien sous la dépendance de causes sociales, qu'on la voit croître *régulièrement* dans notre siècle au fur et à mesure des progrès de l'instruction, de la vie urbaine, de la civilisation particulière dont nous jouissons. Il en est de même du crime, d'ailleurs, — je parle du crime habituel, de la récidive, — dont la progression affecte une régularité non moins effrayante. Si l'on s'en rapporte donc à la statistique et si par criminel-né on entend le récidiviste quelconque, (ce n'est point d'ailleurs l'idée de notre auteur), l'assimilation du crime à la folie deviendrait possible à cet égard, sinon plausible. Mais alors il ne faudrait pas dire que l'hypothèse du criminel-né implique la constance à peu près uniforme du chiffre de méfaits qui lui sont imputables et se féliciter, à l'appui de cette hypothèse, d'avoir découvert, en décomposant les nombres annuels et toujours croissants fournis par les récidives, que le nombre des meurtres et des assassinats reste à peu près stationnaire. Par là, il est vrai, les voleurs, dont le chiffre augmente sans cesse, se trouvent exclus de la catégorie des délinquants de naissance. En un endroit même, poussé par le désir de voir confirmer statistiquement l'existence de ces derniers, le savant criminaliste commet la grosse erreur d'affirmer incidemment (p. 594), « le retour *constant* et *périodique* d'un nombre donné de délits » en général. Or, de deux choses l'une. Si cette constance numérique est ou était réelle, ce serait bien une confirmation statistique, peut-être, de la réalité du type criminel, tel que Lombroso l'entend ; mais en même temps ce serait un démenti donné par la statistique à l'identification du fou avec le criminel de naissance ; si, à l'inverse, la criminalité d'habitude, d'habitude enracinée, se traduit par des chiffres variables, le récidiviste peut bien être identifié au fou, mais c'est une preuve que le récidiviste n'est point, ou n'est point toujours, un criminel de naissance.

M. Lacassagne confesse, tout en professant les idées de Lombroso, que les criminels fous constituent une faible exception, même parmi les récidivistes. Mais il identifie, lui aussi, la folie criminelle et le type criminel. Or, cette confusion me semble gratuite. Le type criminel est congénital ; la folie criminelle peut apparaître, comme toute autre, chez un homme porteur du *facies* le plus honnête et le plus normal, et on n'a jamais prouvé qu'elle se produisît toujours chez les individus criminellement conformés. Au contraire, entre les criminels-nés et les fous, on signale souvent des différences fort nettes de conformation. — Lombroso, sentant bien ces difficultés, appelle les criminels-nés des quasi-fous *(mattoidi)* [1]. Mais la demi-folie, car on peut bien désigner ainsi l'espèce d'extravagance propre au *mattoido*, c'est comme le demi-délit ou la demi-laideur : le monde en est plein, la majorité en est faite. C'est la folie complète qui est l'exception, comme la raison complète, qui lui fait pendant (et qui doit se multiplier sans doute, au cours de la civilisation, pour compenser symétriquement l'accroissement numérique de la démence). Cet état n'a donc rien qui singularise, à vrai dire, le criminel de naissance, au point de vue de la responsabilité sociale de ses actes, qui nous intéresse surtout. Responsabilité, pour un déterministe, implique non liberté, puisque nul n'est libre, pas plus le sage que le fou ; mais causalité, identité personnelle, et préjudice causé à autrui. Il faut d'abord que l'inculpé ait voulu son acte, qu'il l'ait voulu *lui-même*, non par suite d'une *suggestion hypnotique* par exemple ; sans cela il n'en serait pas psychologiquement, socialement, la cause. Cette condition élimine déjà beaucoup d'actes de folie. En second lieu, à préjudice égal, le plus responsable des deux agents volontaires est celui qui a le moins changé depuis sa faute, qui est le plus

[1] Il paraît que j'ai mal compris le sens donné par cet auteur à *mattoido*. Je laisse toutefois subsister ces lignes, ne serait-ce que pour ne pas ôter sa raison d'être à un passage de la réponse, d'ailleurs très flatteuse, faite par Lombroso, dans *la Revue philosophique* du mois d'août 1885, à mon étude sur lui.

forcé de se reconnaître le même, soit parce qu'un moindre laps de temps s'est écoulé (d'où la prescription des poursuites), soit parce que le flot de son évolution interne a été plus lent et moins saccadé, moins tortueux et plus calme. L'unité systématique des idées, l'unité hiérarchique des désirs, le lien étroit de ces deux unités et leur fixité, sont le plus haut degré d'identité personnelle qui se puisse atteindre; à l'inverse, l'éparpillement, l'incohérence, la contradiction des vues et des goûts, des affirmations et des passions, sont une continuelle *aliénation* de la personne. Le sage est donc infiniment plus responsable que l'*aliéné*, si bien nommé. Mais, parmi les *demi-autres* ou les *demi-mêmes* qui remplissent l'intervalle des deux, lequel du criminel d'occasion ou du criminel par tempérament est le plus responsable. C'est ce dernier assurément, qui à chaque instant se sent invariablement capable de recommencer ce qu'on lui reproche, et non le premier, qui est ou croit être sorti de lui-même en commettant un crime. (Ajoutons que celui-là est en même temps le plus dangereux, le plus préjudiciable.) Au moment où il a commis son crime, donc, le criminel d'occasion, celui qui ne porte point la livrée anatomique et physionomique du criminel, a été bien plus près de l'aliénation mentale que le délinquant typé au moment où il a exécuté le sien. Il n'y a donc, ce semble, nulle raison de parler de folie ou de quasi-folie à propos de celui-ci, plutôt qu'à propos de l'autre. La conséquence est que, si, donnant suite à une idée d'ailleurs fort juste, de la nouvelle école, on affecte des prisons et des pénalités différentes, non pas aux différentes catégories de méfaits, mais aux différentes catégories de malfaiteurs, l'expression de *manicomio criminale* (d'*asile de fous criminels*) donnée au lieu de détention des criminels les plus endurcis serait parfaitement impropre. Et ce n'est pas là seulement une question de mots...

On a imaginé de faire rentrer l'habitude forcenée du crime dans un compartiment de l'aliénation mentale, créé tout exprès, sous le non de *folie morale*, à laquelle, du reste, s'appliqueraient aussi les observations ci-dessus. Mais, comme M. Garofalo [1], avant d'admettre cette nouvelle variété de démence où l'on rangerait toutes sortes de désordres cérébraux empruntés d'ailleurs à toutes les autres espèces de folie reconnues, et n'ayant en commun que ce caractère unique de l'absence totale ou partielle du sens moral, j'attends que les aliénistes se soient mis d'accord sur ce point. Maudsley, il est vrai, est affirmatif à ce sujet, et son autorité commande une grande réserve. Au surplus, entre le fou moral supposé admis, tel qu'on cherche à nous le préciser, et le délinquant-né, il y a des différences que M. Garofalo relève avec raison, et notamment celle-ci, qui est en effet capitale : chez le fou, l'accomplissement même de l'acte délictueux est le but ; chez le criminel, ce n'est qu'un moyen d'obtenir un autre avantage, avantage apprécié aussi bien par le plus honnête homme du monde. Ou plutôt pour le fou lui-même le méfait est bien, si l'on veut, un moyen de plaisir, puisque, comme Maudsley l'observe *(Pathologie de l'esprit*, p. 364) l'exécution de l'homicide procure un vrai soulagement à celui qui l'a commis en vertu d'une impulsion morbide irrésistible ; mais c'est la nature anormale de ce plaisir et le fait de n'en pas chercher d'autre en commettant un crime, qui distinguent l'aliéné du délinquant. Le délinquant, il est vrai, a des anomalies *affectives* aussi, mais elles consistent à être dépourvu plus ou moins complètement de certaines douleurs sympathiques, de certaines répugnances qui sont assez fortes chez les honnêtes gens pour les retenir sur la pente de certains actes. Autre chose est la présence interne d'un attrait morbide qui, même

[1] Voir à ce sujet les pages 92, 97 et suivantes de sa *Criminologie*. V. aussi Bonvecchiato qui s'est occupé spécialement de ce sujet, notamment dans l'ouvrage précité et, après une discussion approfondie des autorités pour et contre, se prononce à peu près dans le même sens.

sans provocation du dehors, pousse à l'action, autre chose l'absence interne d'une répulsion qui empêche de céder à des tentations extérieures.

Il ne m'en coûte pas d'admettre que l'absence de sens moral a pour cause une certaine conformation cérébrale aussi bien que le daltonisme ou l'aphasie[1]. Mais, de même que l'aphasie ou le daltonisme est une infirmité et non une espèce de folie, j'estime que l'absence de sens moral ne fait pas d'un homme un fou, quoiqu'elle le rende infirme. M'alléguera-t-on que cette distinction importe peu, et qu'on ne saurait reprocher à un homme privé de sens moral de n'avoir pas senti l'immoralité d'une action commise par lui, par la même raison qu'on ne saurait punir un daltonien employé de chemin de fer pour n'avoir pas vu un disque rouge et avoir, par suite, omis de faire un signal à défaut duquel un déraillement a eu lieu ? Je répondrai qu'au point de vue pénal, c'est-à-dire social, la comparaison n'est pas admissible. Le sens de la vue du rouge est un sens purement naturel, et, bien qu'il puisse être utile ou nécessaire pour l'accomplissement de *certaines* fonctions sociales déterminées, son abolition ne rend pas un homme impropre à la vie de société. La faute a été de lui avoir confié les fonctions dont il s'agit. Mais, seul parmi tous nos sens, le sens moral a une origine exclusivement sociale, et seul il est nécessaire à tout moment dans tous les emplois sociaux. Donc, quoique reconnu daltonien, un homme peut être maintenu à son rang social, dans son groupe social ; mais, reconnu immoral de naissance, c'est-à-dire antisocial, il doit être mis hors la loi sociale. C'est un fauve à face humaine. Tel qu'un tigre, échappé d'une

[1] Dans sa belle leçon d'ouverture à son cours de psychologie expérimentale, à la Sorbonne, M. Ribot s'occupe avec faveur de la nouvelle école des criminalistes italiens et affirme la réalité du type criminel. « Il peut exister, dit-il, dans l'organisation mentale des lacunes comparables à la privation d'un membre ou d'une fonction dans l'ordre physique : ce sont des êtres que la nature ou les circonstances ont *déshumanisés*. »

ménagerie, qui se promène dans nos cités, il convient de l'expulser, de l'excommunier socialement. Or, les bagnes et les prisons sont justement l'expression, jusqu'ici unique, de cette excommunication majeure ou mineure.

Sans doute, on peut dire que cette forme d'excommunication commence à se démoder, qu'il y aurait lieu de la rendre perpétuelle et non temporaire, et de frapper sans mépris, sans colère, avec une gravité calme d'exécuteur olympien, le malheureux qui en est l'objet. Mais, comme il n'est pas à espérer, ni peut-être à désirer, pour d'autres raisons, que la majorité des hommes parvienne à la hauteur de cette impassibilité idéale, il faut laisser sans trop de regrets la flétrissure de l'opinion s'attacher aux condamnations judiciaires, quand elles frappent même soit un criminel de naissance, soit un homme entraîné au crime par une immoralité momentanée, susceptible de se reproduire. A moins de relever tous les criminels, sans exception, de la dégradation sociale qui accompagne leur expulsion hors de la société, il faut la maintenir à l'égard de tous les criminels, de naissance ou d'occasion, puisque, pour être momentanée, l'immoralité de ces derniers n'en est pas moins liée elle-même à des conditions cérébrales qui la déterminent.

Je dirai en outre à Lombroso : il y a deux thèses superposées dans la troisième édition de votre livre. La première, l'ancienne, était celle du criminel assimilé au sauvage primitif, du crime expliqué par l'atavisme; vous repoussiez alors l'hypothèse du crime-folie. Mais, depuis lors, cédant, dites-vous, à de puissantes raisons, vous avez adopté cette dernière explication sans d'ailleurs abandonner la précédente. Elles alternent dans votre ouvrage, et l'on dirait qu'à vos yeux elles se fortifient mutuellement. Cependant ne sont-elles pas en partie contradictoires? La folie est un fruit de civilisation, dont elle suit les progrès jusqu'à un certain point; elle est presque inconnue dans les classes illettrées, et encore plus dans les peuplades des races inférieures. Si donc le criminel est un sauvage, il ne peut pas être un fou, de même que s'il est un fou il ne peut pas être un sauvage. Entre ces deux thèses, il faut choisir; ou si l'on fait entre elles un compromis en parlant de quasi-folie, (pourquoi pas aussi bien de pseudo-atavisme?) il faut savoir qu'on émousse et mutile l'une par l'autre [1].

Or, la plus séduisante des deux n'est-ce pas la première? Elle est très intelligible et conforme aux plus purs principes darwiniens. Elle fournit une réponse, ingénieuse au moins, à bien des problèmes. Elle est optimiste avec cela, flatteuse pour la civilisation, où le crime ne serait qu'un résidu sans cesse diminué de la sauvagerie antique; et, si elle est en désaccord là-dessus avec la statistique criminelle de notre temps, on peut dire que notre recul moral actuel est un accident éphémère, un remous dans un courant. Puis, elle se complète avec bonheur par le résultat d'études très neuves et très intéressantes sur la *criminalité infantile,* dont nous n'avons pas eu le temps de nous occuper. C'est une idée reçue parmi les évolutionnistes[2], et une idée assez plausible, que l'enfant reproduit en partie le sauvage par son langage, son imprévoyance, ses passions, ses traits même; on doit ajouter par ses instincts criminels, si vraiment le vrai criminel c'est le sauvage. De là ces formules : la criminalité n'est que l'enfance prolongée, ou bien n'est que la sauvagerie survivante.

Maintenant, ce dernier point de vue lui-même doit-il être accueilli? et dans quelle mesure mérite-t-il de l'être?

[1] Je n'insiste pas sur des contradictions de détail. Page IX de la nouvelle préface, Lombroso dit qu'il distingue le délinquant-né du fou et de l'alcoolique ; plus bas, il se félicite d'avoir opéré *complètement la fusion* entre les deux idées du criminel de naissance et du fou moral.

[2] Le mérite de cette école est d'avoir cherché le plus profondément possible les sources du crime, et notamment ses sources héréditaires. Sur la *criminalité animale,* sujet traité avec bonheur par M. Lacassagne, M. Ferri a écrit une intéressante brochure que j'ai critiquée.

Et mieux ne serait-il pas peut-être, pour échapper au dilemme ci-dessus, de s'en tenir à ma thèse prudente, que le crime est tout simplement une profession, héritage du passé sans doute, et d'un passé très ancien, mais héritage fort bien cultivé parfois et grossi par la civilisation qui le recueille? Pour répondre à cette nouvelle question, il convient d'étudier enfin le criminel d'habitude sous son aspect sociologique, c'est-à-dire comme membre d'une société singulière qui a ses mœurs, avons-nous dit, ses coutumes et son idiome.

IV

Si nous voulons comprendre les états embryonnaires, étudions d'abord l'état adulte. Si nous voulons avoir une juste idée des petites associations de malfaiteurs, commençons par étudier les grandes. L'antique *camorra* qui sévit encore à Naples, et dont la *maffia* sicilienne est sans doute un rameau détaché, est un excellent échantillon de ces dernières ; elle nous dispensera d'examiner la *mano nera* andalouse, le *nihilisme* russe, etc. La camorra, dit M. de Laveleye, dans ses *Lettres sur l'Italie*[1], est tout simplement l'art d'arriver à ses fins par l'intimidation, ou, pour mieux dire, *l'organisation de l'intimidation et l'exploitation de la lâcheté humaine.* » Elle exploite ce penchant humain comme d'autres industriels exploitent la débauche, la vanité, l'ivrognerie. « Vous trouverez des camorristes partout, depuis les ruelles de Santa-Lucia jusque parfois dans les plus hautes positions administratives et politiques. A Naples, vous montez en voiture, le camorriste est là qui prélève un sou sur le cocher. Dans chaque rue, il se trouve des camorristes qui prélèvent la taxe de la peur sur les détaillants[2]. » Comment devient-on

[1] Paris, Germer Baillière et Cie, 1880.

[2] « Dans les hautes sphères de la politique, la camorra s'exerce

camorriste? Comme on devient membre d'un cercle, d'une loge maçonnique, d'une troupe théâtrale, d'une association civile ou commerciale quelconque, à l'élection et après une épreuve régulière suivie d'un stage plus ou moins long, durant lequel le nouveau compagnon est l'humble serviteur, assez mal payé, d'un sociétaire. Un bel assassinat lui vaut, en assemblée générale, l'honneur d'être sacré camorriste et de prêter en cette qualité, sur deux épées croisées, le serment que j'appellerai professionnel : « Je jure d'être fidèle aux associés et ennemi du gouvernement, de ne pas entrer en rapport avec la police, de ne pas dénoncer les voleurs, de les aimer au contraire de toute mon âme, parce qu'ils exposent leur vie. » Toutes les difficultés intérieures sont résolues absolument comme dans nos sociétés de commerce, par des réunions et des votes. Il y a non seulement des rites et un uniforme, mais un code spécial, mal obéi, il est vrai. Condamnation à mort est votée contre qui refuse d'exécuter l'assassinat commandé par le chef. Il y a des fonctionnaires. Tous les dimanches, le secrétaire, assisté d'un comptable et d'un trésorier, fait la distribution des taxes prélevées, comme on sait, sur le public, principalement sur les maisons de jeu ou de tolérance et *les prisons*. « Le camorriste, dit Lombroso, était (peut-être est-il encore) le juge naturel des gens du peuple, il maintenait l'ordre dans les bouges et les prisons, ne protégeant, bien entendu, que celui qui avait payé la taxe. »

N'y aurait-il pas à rapprocher de ce qui précède un pas-

par les influences ; si vous lui résistez elle vous perd. Un grand seigneur, syndic d'une ville du Midi, mais complètement ruiné par le jeu, trouve moyen de bien vivre sans aucun revenu. Chaque jour, il va faire un bon dîner dans le premier restaurant de l'endroit, et jamais on n'ose lui présenter l'addition... Néanmoins, *le voilà à la Chambre*, se rengorgeant, la poitrine bombée, la tête haute, l'air protecteur, craint, flatté, salué. Dans sa ville, c'est une puissance. On trouve en tout pays des gens de cette espèce, mais ils ne devraient pas tenir le haut du pavé. » *Lettres sur l'Italie*, p. 242.)

sage de Diodore de Sicile, qui a trouvé des incrédules? Cet auteur nous raconte qu'il existait en Égypte un chef des voleurs, que le métier du vol y était publiquement exercé, presque officiellement, et que les volés devaient verser au fisc de la bande une redevance fixe pour se faire restituer les objets soustraits. Thonissen *(Droit criminel des peuples anciens,* t. 1, p. 166) pense qu'il s'agit d'une bande d'Arabes nomades et pillards auxquels on payait, sous forme d'abonnement, comme cela se pratique encore avec les Bédouins de Syrie, une prime d'assurance contre leurs propres rapines. Mais n'était-ce pas tout simplement quelque camorra égyptienne? — Cela s'est vu de tout temps, seulement sur une plus grande échelle à une époque plus récente. La camorra par excellence, on peut l'accorder à M. Taine après l'avoir lu attentivement, c'est la Société jacobine, pieuvre aux mille bras, qui a étreint, étouffé, exploité la Révolution. Le fait est que, n'était-ce le catéchisme étroit et faux, catéchisme enfin pourtant, de cette caverne de gouvernants, l'assimilation serait parfaite[1].

Voilà ce que je suis en droit de nommer la grande industrie criminelle. Elle est rare, car nos conditions sociales ne sont pas favorables habituellement à ce genre de grands magasins, à moins que, comme on en aurait bien le droit, on ne range dans cette catégorie certaines agences véreuses de chantage, de calomnie et de faux témoignage en grand, dont plusieurs procès retentissants nous ont révélé l'existence. Mais en revanche, on compte d'innombrables petites échoppes du crime, pour ainsi dire, composées d'un patron et d'un ou deux apprentis, d'un vieux récidiviste et de quelques jeunes larrons. Lombroso remarque fort juste-

[1] Sur *la Maffia*, on trouvera des détails intéressants, et l'explication politique de sa naissance ou de ses développements sous le gouvernement impopulaire des Bourbons, dans l'intéressante et instructive brochure de M. Napoléon Colajanni sur *la Delinquenza della Sicilia.*

ment à ce sujet que la pullulation dans une ville ou dans une nation, de nombreux petits groupes de malfaiteurs, réputés d'ailleurs peu alarmants, est un symptôme grave, bien supérieur en gravité à la formation de quelques grosses bandes légendaires dont la foule s'épouvante. Ces dernières associations doivent leur existence au prestige malfaisant d'un seul homme, et peuvent disparaître avec lui ; mais celles qui naissent partout à la fois « révèlent la triste tendance, la maladie sociale du pays où elles surgissent. » C'est ainsi que, pour juger à quel point une population est naturellement industrieuse et laborieuse, et à quel genre de travail la portent ses aptitudes, il faut y avoir égard à la diffusion spontanée de la petite industrie, par exemple de la petite culture du sol, plutôt qu'aux spécimens de la grande, et on y sera mieux édifié à ce sujet par le bruit des métiers de tisserands ou la vue des étables de paysans dans les campagnes que par la visite d'une ferme modèle ou d'une grande fabrique, créée peut-être par un étranger.

En somme, c'est à une corporation industrielle que ressemblent les sociétés de criminels, ce n'est pas le moins du monde à une tribu de sauvages, société essentiellement familiale et religieuse, où l'on entre par l'hérédité et non par l'élection, où tout est idole ou fétiche, sacré ou *tabou;* qui est beaucoup plus souvent pastorale et inoffensive que déprédatrice et guerrière, comme il y a nécessairement plus de pièces de gibier que de chasseurs; qui parfois, j'en appelle à Spencer et à Wallace, nous donne d'admirables modèles de vertu publique, de probité et de véracité, à nous faire rougir; et qui, même lorsqu'elle vit de brigandage, de meurtre et de vol, pratiqués sur l'ennemi, est comparable à une armée permanente, si l'on veut, mais non à une caverne d'assassins. En vain Lombroso nous fait observer que les associations de malfaiteurs ont toutes un chef « armé d'un pouvoir dictatorial, qui, *comme dans les tribus des sauvages* (ajoutons, nous, comme dans les nations les plus civilisées et les plus démocratiques), dépend plus de ses talents personnels que de la turbulente soumission d'une majorité, » je ne trouve pas la similitude bien frappante. Il me semble même que l'habitude du tatouage, commune à beaucoup de malfaiteurs et à beaucoup de non-civilisés, et la vague ressemblance de l'argot des bagnes par quelques côtés avec les langues des Océaniens, des Américains ou des nègres, ne suffisent pas à justifier le rapprochement précédent. Nous allons le voir.

C'est un fait curieux, que dans certaines classes inférieures des populations civilisées, parmi les matelots et même parmi les soldats, mais surtout dans le monde des délinquants, — jamais chez les fous, remarquons-le, — on pratique par exception l'usage de se faire des incisions figuratives sur la peau. Est-ce un reste, conservé par atavisme, comme le veut Lombroso (disons, en tout cas, par tradition, car l'hérédité n'a rien à voir ici), du tatouage qu'on suppose avoir été généralisé chez nos grossiers ancêtres? Il me paraît infiniment plus probable d'admettre que c'est l'effet, non d'une tradition des aïeux, mais d'une mode importée par des marins ou des militaires, à l'exemple des sauvages actuels avec lesquels ils ont été en contact. Aussi est-ce surtout chez les matelots qu'elle fleurit, et dans nos régiments français qui résident en Afrique, au milieu des Kabyles ou des Arabes. Ces peuplades, malgré les défenses du Coran, n'ont pas cessé de se tatouer (voir *la Criminalité chez les Arabes*, par le docteur Kocher[1], p. 64 et s.). Cette mode a dû se propager chez les condamnés, plus rapidement qu'ailleurs, grâce à leur insensibilité cutanée si bien démontrée par notre savant auteur, et par suite aussi des longs ennuis de la prison. C'est parmi les récidivistes, en effet, qu'elle est le plus répandue. Neuf fois sur dix (sur 506 tatoués 489 fois),

[1] Paris, librairie J.-B. Baillière, 1884.

les dessins, les symboles, les lettres dont il s'agit sont tracés sur l'avant-bras, place plus commode pour l'opérateur et l'opéré; jamais au visage, Très souvent, c'est le portrait approximatif de la femme aimée, ou ce sont ses initiales, qui sont figurées de la sorte; cela rappelle les chiffres entrelacés que les amoureux gravent sur les arbres. A défaut d'écorce d'arbres, les prisonniers utilisent leur peau. D'autres fois, le tatoué porte le signe de sa profession, une ancre, un violon, une enclume, ou bien une devise où sa haine cherche à s'éterniser, parfois un phallus... Tout cela est un pur amusement ou de la passion désœuvrée; est insignifiant ou inutile. Le malfaiteur ne cherche à produire aucun effet en s'amusant ainsi, en dessinant des figures de fantaisie sur des parties de son corps qu'il cache habituellement. Mais quand le jeune Océanien, lui, soumet son corps tout entier et d'abord son visage, tout ce qu'il expose au regard de tous, à la cruelle opération que les rites de sa tribu lui imposent, il sait le motif sérieux qui le détermine et l'avantage sérieux qu'il poursuit. Sa religion, sa coutume, ce qu'il a de plus sacré, lui commandent ce courage pour frapper de terreur l'ennemi, pour rendre fières de lui ses femmes, pour être scellé ineffaçablement à l'effigie de sa tribu[1]. Il ne reproduit sur lui-même aucun objet extérieur ; il trace de gracieuses ou caractéristiques arabesques qui s'harmonisent étrangement par leurs lignes avec ses formes corporelles. Le prétendu tatouage du malfaiteur, au contraire, consiste en images aussi étrangères à son épiderme que peuvent l'être les inscriptions d'un enfant au mur d'un édifice. Il est imitatif, non expressif. Que peut-il avoir de commun, sauf le nom, avec ce noble tatouage polynésien, par exemple, qui est une véritable œuvre d'art, incarnée à l'artiste, comme le rôle d'un acteur parfait ?

[1] « Le tatouage, dit très bien Lombroso, est la première écriture du sauvage, son premier registre d'état civil. »

Passons à l'argot. Encore un caractère professionnel bien marqué. Toute vieille profession a son argot particulier; il y a celui des soldats, des marins, des maçons, des chaudronniers, des ramoneurs, des peintres, des avocats même[1], comme il y a celui des assassins et des voleurs. — Les fous, entre parenthèses, n'en ont point: nouvelle différence importante à noter en passant. — Mais l'argot, est-ce une langue spéciale? Nullement. Toute la grammaire de la langue ordinaire, c'est-à-dire ce qui la constitue, y est conservé sans altération, dit Lombroso lui-même; une faible partie du dictionnaire seulement est modifiée. Ces modifications, je le reconnais, ne sont pas sans rappeler vaguement le parler sauvage ou le parler enfantin. D'abord, les objets sont désignés par des épithètes, le bec de gaz l'*incommode*, l'avocat le *blanchisseur*, la casquette la *couvrante*. Puis les onomatopées abondent: *tap*, marche; *tic*, montre; *fric-frac*, l'extraction de la prison. Enfin beaucoup de réduplications: *toc-toc*, toqué; *ty-ty*, typographie; *bibi*, Bicêtre; *coco*, *bébé*, ami. Par là le type linguistique se trouve certainement abaissé d'un ou deux degrés, à peu près comme le champignon qui croît sur le chêne est d'une famille botanique bien inférieure à celle de cet arbre majestueux[2]. Mais au fond, le caractère dominant de l'argot, c'est le cynisme. Il n'est pas matériel et concret comme les langues primitives; il est grossier et bestial, et bestialise tout ce qu'il touche, trait parfaitement d'accord au reste avec le type physique de ceux qui le parlent. La peau s'y appelle *cuir*, le bras *aileron*, la

[1] On dit que le client *éclaire* son homme d'affaires quand il le paie. Cette expression date de plusieurs siècles. Je lis dans Ranke au sujet des juges siciliens au seizième siècle: « Comme on donnait aux émoluments le nom de *chandelles*, on disait ironiquement que celui qui allumait le plus de chandelles afin que son juge pût bien découvrir la vérité, devait naturellement gagner son procès. »

[2] Dans l'argot français, soixante-douze synonymes pour ivresse et boire.

bouche *bec*, mourir *crever*[1]. Il est, avant tout, sinistrement gai; il consiste en une collection de hideux traits d'esprit fixés et monétisés, métaphores salissantes, mauvais jeux de mots, etc. *Avoir un polichinelle dans le tiroir*, cela signifie être enceinte[2]. Mais la langue du sauvage est tout autre, toujours grave même dans sa férocité, jamais ironique, jamais plaisante, ne cherchant point à salir l'objet de sa pensée, simple et rurale dans ses métaphores, abondante en formes grammaticales, originales et parfaites[3].

Ajouterai-je enfin que la littérature des criminels, dont Lombroso nous donne des échantillons fort intéressants, ne ressemble pas plus à celle des peuples primitifs qu'un fruit gâté n'a le goût d'un fruit vert? Mais je n'aborde pas, faute de temps, ce curieux chapitre. Je ne dirai rien non plus des observations *graphologiques* faites sur l'écriture des délinquants; les assassins, paraît-il, se signaleraient,

[1] Par ce côté, l'argot ressemble étonnamment au style de quelques romans contemporains, je ne parle pas des maîtres, où ce n'est pas le mot précis, mais le mot salissant qu'on choisit de préférence. Ce n'est point là du réalisme, mais du bestialisme. Et l'on ne saurait y voir qu'une invasion directe ou indirecte de l'argot dans la littérature. Veut-on savoir comment on juge nos pornographes à l'étranger? « De ces bas-fonds où s'élabore l'argot, dit Lombroso, au sommet de la république des lettres, il y a un abîme, principalement en Italie, où plus qu'en aucun autre pays d'Europe, les beaux-arts et la littérature brillent par leur chasteté. *En France d'abord* et, par ricochet ensuite, en Angleterre, le triste miasme des bagnes et des maisons de prostitution, dignes conjoints, va pénétrant dans les lettres; mais c'est un phénomène isolé, peut-être exceptionnel, explicable par les continuelles révolutions de cette noble nation, par les bouleversements qui ont soulevé les plus basses couches. » Si la réserve et la pureté de la littérature italienne ne sont pas ici quelque peu surfaites, il n'est pas difficile, à mes yeux, d'en trouver la cause dans cette profusion de purs chefs-d'œuvre que ce peuple artiste a toujours sous les yeux comme un perpétuel *sursum corda*.

[2] *N'être pas méchant*, cela veut dire *être un imbécile*. Cette expression a passé dans bien d'autres milieux.

[3] John Lubbock, *Origines de la civilisation*, p. 410. Germer Baillière et Cie, éditeur. V. aussi Whitney.

— comme en général du reste, toutes les personnes énergiques, — par le prolongement net et accentué de la barre du *t*, par l'air d'élancement libre et facile de toutes leurs lettres, ainsi que par les complications hiéroglyphiques de leur signature; les voleurs se reconnaîtraient au caractère mou, effacé, un peu féminin de leur façon d'écrire. Et, à ce sujet, comme il est bien possible que le lecteur soit tenté de prendre les graphologues pour des astrologues ou des chiromanciens, je ferai remarquer que des expériences récentes faites à la Salpêtrière sur des hypnotiques, dont l'écriture se dénaturait chaque fois qu'on leur suggérait une nouvelle personnalité, sont venues confirmer d'une manière frappante certaines lois formulées dans les traités de graphologie. (V. le compte-rendu de ces expériences, avec planches à l'appui, dans *la Revue philosophique* d'avril 1886.)

V

En résumé, malgré des ressemblances anatomiques et physiologiques, mais non sociologiques, incontestables avec le sauvage préhistorique ou actuel, le criminel-né n'est pas un sauvage, pas plus qu'il n'est un fou. Il est un monstre, et comme bien des monstres, il présente des traits de régression au passé de la race ou de l'espèce, mais il les combine différemment, et il faudrait se garder de juger nos ancêtres d'après cet échantillon. Que nos ancêtres, à nous-mêmes peuples civilisés, aient dû être primitivement de vrais sauvages, je ne le conteste pas, quoique les plus anciens documents nous les montrent à l'état de simple barbarie avec les mêmes formes corporelles que nous, plus belles seulement ; mais il y a de bons sauvages, — Wallace, Darwin, Spencer, Quatrefages nous les ont fait aimer, — et, quand même, parmi les sauvages actuels, les bons représenteraient une infime minorité, ce qui n'est pas, il ne nous serait pas moins permis de conjecturer avec vraisemblance que nos premiers pères étaient du petit nombre de ceux-ci. On sera porté à le penser, c'est-à-dire à supposer que nous ne naissons pas en moyenne avec des aptitudes bien plus morales que celles de nos aïeux, si l'on observe que le progrès moral des sociétés en train de se civiliser est beaucoup plus lent et plus douteux que leur progrès intellectuel, et, quand il est réel, consiste plutôt en une transformation socialement avantageuse de l'immoralité qu'en une véritable moralisation individuelle. D'ailleurs, à mesure que les effets vraiment moralisateurs de la socialisation croissante commencent à pénétrer jusque dans le sang des nations ou des classes les plus civilisées, c'est-à-dire depuis longtemps régnantes, ces nations ou ces classes ne tardent pas à être recouvertes et résorbées par la *fécondité toujours supérieure des classes, sinon des nations, inférieures*. Tels sont les effets moraux de la sélection naturelle appliquée à nos sociétés. L'amélioration morale n'a donc guère le temps d'y faire travailler l'hérédité à son service et de s'y consolider en instincts profonds et indestructibles attestés par une refonte du crâne et des traits; et, par suite, le bien qui s'y opère et qui même s'y développe, est dû à des causes beaucoup plus sociales que vitales, à une action prolongée, paisible, sédimentaire, de l'éducation et de l'exemple, dont, par malheur, le jaillissement brusque des faits politiques ou militaires vient à chaque instant rompre les couches. Qu'on réfléchisse à l'utilité, j'allais dire à la nécessité du mensonge, de la perfidie, de la dureté de cœur pour réussir dans une élection, sur un champ de bataille, dans un congrès de diplomates!

Cela ne veut pas dire que je conteste l'apparition par atavisme, par ricochet héréditaire à grande distance, des caractères ou de quelques caractères propres au délinquant-né ; il faut bien que la vie emprunte quelque part les éléments des monstruosités accidentelles qui lui échappent ; et où les prendrait-elle, si ce n'est dans la mémoire de ses compositions passées, à moins que ce ne soit dans le trésor, rarement ouvert, de son imagination créatrice, ce qu'elle fait quand elle enfante un génie, non quand elle excrète un monstre, un criminel ou un fou? Mais ce que je conteste, c'est que la délictuosité du délinquant-né se trouve expliquée par là. C'est ainsi que les femmes présentent aussi avec le criminel de naissance des similitudes frappantes, ce qui ne les empêche pas d'être *quatre fois* moins portées au crime que les hommes, et je pourrais ajouter quatre fois plus portées au bien. « Sur les soixante récompenses décernées en 1880 par la commission du prix Monthyon, quarante-sept ont été méritées par des femmes [1]. » Elles sont plus prognathes que les hommes, néanmoins (Topinard), elles ont le crâne moins volumineux et le cerveau moins lourd, même à taille égale, et leurs formes cérébrales ont quelque chose d'enfantin et d'embryonnaire; elles sont moins *droitières*, plus souvent gauchères ou ambidextres; elles ont, s'il est permis de le leur dire, le pied plus plat et moins cambré; enfin, elles sont plus faibles des muscles, et aussi complétement imberbes qu'abondamment chevelues. Autant de traits communs avec nos malfaiteurs. Ce n'est pas tout. Même imprévoyance en elles, même vanité, deux caractères que Ferri signale avec raison comme dominants chez le criminel; en outre, même stérilité d'invention, même penchant à imiter, même mobilité d'esprit qui simule à tort l'imagination, même ténacité souple du vouloir étroit... Mais la femme, en revanche, est éminemment bonne et dévouée, et cette seule différence suffirait à contre-balancer toutes les analogies qui précèdent. Mais, de plus, elle est attachée à sa tradition familiale, à sa religion et à ses coutumes nationales, respectueuse de l'opinion. En cela aussi, elle s'écarte profondément du criminel, malgré quelques superstitions parfois survivantes chez celui-ci; et en cela, au contraire,

[1] Delaunay, *Revue scientifique*, 1881.

elle se rapproche du sauvage, du bon sauvage auquel en effet elle ressemble bien plus que ne lui ressemble le criminel. Nous ne devons pas en être surpris, ayant appris des naturalistes à quel point le moule antique de la race est toujours fidèlement gardé par le sexe féminin, et sachant d'ailleurs que la civilisation est chose essentiellement masculine par ses causes et ses résultats. Par ses causes, puisque les inventions dont elle se compose ont à peu près toutes pour auteurs des hommes; par ses résultats, puisqu'elle a visiblement pour effet d'accroître, au profit de l'homme, la distance des deux sexes. Si donc nous voulons nous faire une idée de nos premiers pères, c'est la femme et non le meurtrier ou le voleur d'habitude, qu'il nous faut regarder. En elle, comme en un miroir vague et embellissant, mais pas trop infidèle peut-être, nous retrouvons l'image passionnée et vive, inquiétante et gracieuse, dangereuse et naïve, de la primitive humanité. Mais précisément, ce qui fait son charme et même son innocence, ce qu'elle a de meilleur, moralement, n'est-ce pas ce goût de sauvageon qui persiste en elle en dépit de toute culture, après tous les brevets de capacité simple ou supérieure? Ne nous pressons donc pas trop de décider, sans plus ample examen, que nos crimes nous viennent de nos aïeux et que nos vertus seules nous appartiennent [1].

Mes critiques ne portent, on le voit, que sur l'interprétation donnée par Lombroso aux caractères physiques ou

[1] Dans sa réponse à ma critique, « la plus habile et la plus profonde, » dit-il, de toutes celles qui ont paru sur son *Uomo delinquente*, — réponse malheureusement trop longue pour être insérée ici, malgré son importance, —M. Lombroso écrit au sujet du passage ci-dessus : « Sans doute la femme présente une plus grande analogie avec l'homme primitif, et, partant, avec le malfaiteur; mais sa criminalité n'est pas inférieure à celle de l'homme, quand la prostitution vient s'y joindre. » A cela j'ai répliqué : « Quant à la criminalité des femmes, je maintiens qu'elle est inférieure à celle des hommes, nonobstant la prostitution. Si dans les chiffres de la délictuosité féminine, on prétend comprendre les courtisanes, je me demande pourquoi on ne comprendrait pas dans les chiffres de la délictuosité masculine, non

autres si fréquemment présentés par les malfaiteurs. Mais elles n'entament en rien la réalité du type criminel. Seulement il nous reste à expliquer à notre tour ce que nous entendons par là. Tâchons donc de classer ce type parmi les autres entités de même nom qu'élabore ou collectionne l'anthropologiste, cet ontologiste sans le savoir. On peut, ce me semble, distinguer deux sens du mot type. Comme exemple du premier on peut citer *l'Homme américain* de d'Orbigny, de même que, comme exemple du second, *l'Uomo delinquente*. Dans le premier, on entend par là l'ensemble des caractères qui distinguent chaque race humaine ou chaque variété et sous-variété nationale d'une même race ; on dit ainsi le type anglais ou allemand, le type espagnol, italien ou français, le type juif ou arabe. Est-ce à dire que ces divers traits distinctifs se rencontrent toujours chez les nationaux des divers peuples dont il s'agit? Non; rassemblés au complet, ils y sont clairsemés; à l'état fragmentaire, ils n'y sont que très fréquents. Mais ce n'est pas là une objection sérieuse contre la vérité des *schèmes* formés de la sorte, ni contre la réalité de leur objet. Vérité abstraite, réalité profonde qui consiste dans une tendance plus ou moins manifeste, plus ou moins énergique de la race ou de la variété en question livrée à elle-même, si nul croisement ne l'entrave, à propager de préférence par hérédité le groupe total de caractères qu'on dit lui être propre, à le rendre de plus en plus fréquent et enfin exclusif de tout autre, comme si elle ne trouvait

seulement les souteneurs, mais encore les débauchés, les joueurs, les ivrognes, les paresseux et les déclassés de notre sexe. La prostitution, à vrai dire, c'est l'alcoolisme, le parasitisme et le paupérisme féminins. Une femme qui s'y livre, par faiblesse et par paresse, est sur la pente du délit, comme l'homme qui, par oisiveté et lâcheté, s'adonne à l'ivrognerie ou à la mendicité plus ou moins dégradante. Mais ne confondons pas les conditions du délit avec le délit lui-même. Sans la prostitution, en effet, le contingent des femmes dans la statistique criminelle serait moindre encore, comme celui des hommes serait encore plus fort sans l'ivrognerie, le jeu et la débauche. Ce serait donc faire double emploi que de la compter à part. »

que là son équilibre stable, stable momentanément.

C'est dans un sens tout différent qu'on dit le type du pêcheur, du chasseur, du paysan, du marin, du soldat, du juriste, du poète. Cette nouvelle acception du même terme est pour ainsi dire transversale, perpendiculaire à la première. De même que, en voyageant, on reconnait un Anglais, un Arabe, un Chinois, comme tel, à quelque profession ou à quelque race qu'il appartienne, de même, d'un bout de l'Europe ou du monde à l'autre, ne reconaît-on pas un paysan, un militaire, un prêtre, comme tel, quelle que soit sa race et sa nationalité? Cette impression, en général, est confuse, et on ne l'analyse pas; mais l'exemple de Lombroso et de ses collègues, qu'il reste à suivre, montre qu'elle est susceptible d'un degré inattendu de précision anatomique, physiologique. Et il ne faut pas qu'on se méprenne sur la portée de ma pensée, sur la profondeur des similitudes qui constituent, je crois, les types professionnels ou sociaux reconnaissables, à peu près les mêmes, à travers les races souvent les plus différentes. Je ne me borne pas à dire qu'il y a des habitudes musculaires ou nerveuses identiques, nées (par imitation) de la routine d'un même métier, et capitalisées, pour ainsi parler, en traits physiques acquis, surajoutés aux traits physiques innés. Je suis persuadé, en outre, que certains caractères anatomiques apportés en naissant, d'ordre exclusivement vital et nullement social dans leurs causes, formés par génération seulement et où l'imitation n'entre pour rien, font partie aussi du signalement moyen propre à chaque grande profession, sinon à chaque grande classe sociale. Ce n'est pas sans raison qu'on dit d'un homme: il a le physique de son emploi, il a la figure d'un militaire, d'un magistrat, d'un membre du clergé. Voilà pour le visage; mais pourquoi n'en serait-il pas de même du corps? Si l'on essayait sur des centaines ou des milliers de juges, d'avocats, de laboureurs, de musiciens, pris au hasard et en divers pays, une série de mesures et d'expériences crâniométriques, algométriques, sphygmographiques, graphologiques, photographiques, etc., analogues à celles de Lombroso sur des centaines ou des milliers de criminels, il est extrêmement probable qu'on arriverait à constater des faits non moins surprenants; à savoir, par exemple, que les avocats en général, principalement les avocats distingués, les *avocats-nés* en quelque sorte, — faisant pendant aux *criminels-nés*, et nés pour défendre ceux-ci, — ont, en moyenne, la taille, le poids, la capacité du crâne, supérieurs ou inférieurs de tant de centimètres, de tant de grammes, de tant de millimètres cubes à la taille, au poids, à la capacité crânienne de la moyenne des autres hommes appartenant à la même race et au même sexe. On découvrirait encore que, chez les ouvriers adonnés à tel métier, *et y réussissant*, la proportion des gauchers ou des ambidextres diffère de la proportion ordinaire, et que la différence est exprimable en chiffres; que leur sensibilité à la douleur, au froid, à la lumière, aux variations électriques, a son degré propre, général et permanent jusqu'à un certain point; qu'ils sont plus impressionnés par la vue d'un bon verre de vin que par celle d'une jolie femme, ou *vice versa*, ainsi qu'il résulterait des battements comparés de leurs pouls enregistrés par le sphygmographe; et ainsi de suite jusqu'aux nuances intellectuelles et morales les plus fugitives.

Je préjuge, on le voit, les résultats que donnerait pro-

[1] V. *Manouvrier*, le poids de l'encéphale, *Revue. scientif.* 2 juin 1882. « *Le volume de la tête suivant les classes et les professions.* » — « Broca a mesuré différents diamètres et courbes de la tête chez tous les élèves en médecine et chez un nombre égal d'infirmiers de l'hospice de Bicêtre. Il a constaté que tous les diamètres et toutes les courbes étaient en moyenne sensiblement plus grands... » D'autres renseignements du même genre ont été recueillis auprès des chapeliers de Paris, — pourquoi pas aussi bien auprès des cordonniers et des tailleurs ? Je ne veux pas outrer la portée de telles recherches, encore moins celle des conclusions qu'on pourrait en tirer prématurément et non sans idée préconçue. J'indique un germe à développer.

bablement une vaste collection d'études anthropologiques conduites suivant la méthode des savants criminalistes dont je parle, et l'appliquant à tous les métiers comme ils l'appliquent au métier du crime. Mais quoi de plus naturel que cette supposition? Pourquoi la carrière criminelle aurait-elle seule ce privilége de posséder un physique caractéristique, dont les autres carrières seraient dépourvues? Au contraire, il y a lieu de penser, *à priori*, que le signalement anthropologique de celles-ci doit être plus accentué, car la première se recrute un peu partout beaucoup plus indifféremment que les autres, et elle exige des aptitudes beaucoup moins spéciales. Si donc le lecteur juge que le *portrait générique* à la Galton donné par Lombroso de *l'homme délinquant* est suffisamment net et précis, il devra présumer, *à fortiori*, qu'un portrait générique aussi vivant de l'homme pêcheur, de l'homme chasseur, de l'homme laboureur, de l'homme marchand, etc., est possible et attend son photographe. — On voit l'intérêt imprévu de ce gros volume bourré de chiffres assez mal en ordre et de documents humains repoussants.

Si Lombroso, se plaçant à ce point de vue, avait songé que son type criminel, après tout, n'est qu'un type professionnel d'une espèce singulière et singulièrement ancienne, il aurait peut-être moins souvent opposé son *uomo delinquente* à l'homme normal, comme si les caractères physiques distinctifs du premier en faisaient un phénomène à part au sein de l'humanité honnête, supposée homogène. Il aurait choisi parfois des termes de comparaison plus précis et plus avantageux, plus propres à faire ressortir les singularités de la variété anthropologique, disons mieux sociologique, qu'il découvrait. J'aurais bien voulu voir l'homme délinquant opposé à *l'homme savant*, à *l'homme religieux*, à *l'homme artiste*. Il eût été curieux surtout de le voir comparé à l'homme *vertueux*, et d'apprendre si celui-ci est l'antipode du délinquant au physique comme au moral, si par exemple les personnes qui obtiennent le prix Monthyon chaque année ont en majorité la tête longue plutôt que ronde, les bras courts plutôt que longs, le front découvert, l'oreille effacée, la mâchoire faible, en même temps que la sensibilité à la douleur remarquablement vive et non obtuse, et le pouls plus agité par une image d'amour que par une perspective d'ivresse... et si, sous tous ces rapports, elles s'éloignent autant que les malfaiteurs de la moyenne des hommes civilisés, mais en sens inverse.

Lombroso se défend assez mal contre l'objection qui lui est faite : « Comment pouvez-vous parler de type criminel quand, d'après vous-même, soixante criminels sur cent n'en présentent point les caractères? » Il répond simplement que la faible proportion des Italiens présentant le type de leur race ne donne à personne le droit de nier le type italien, encore moins le type mongolique, etc... Il y aurait fort à dire contre cette confusion des deux sens du mot type distingués par nous. Mais, à notre point de vue, il aurait pu répondre à ses adversaires : non seulement il n'est pas vrai que mes recherches soient sans portée sérieuse, parce qu'elles aboutissent au résultat que vous savez; mais elles sont doublement instructives. En effet, malgré la non-constance du type criminel chez les malfaiteurs, il n'en est pas moins très réel au sens ci-dessus expliqué; et, en outre, le degré de sa fréquence, mesuré par les chiffres proportionnels que j'ai soin de donner, révèle ou contribue pour sa part à révéler le niveau de notre état social et la hauteur à atteindre encore. Dans les sociétés à castes fermées, où ce n'est point par imitation pure et simple, mais bien par imitation forcée, assujettie à la génération, que se transmettent les divers métiers, agriculture, commerce, armes, sacerdoce, il est certain que le type professionnel avait peu de chances de se produire fréquemment chez les personnes vouées à la profession correspondante; et cette fréquence a dû s'accroître à mesure que, le principe social pur s'affranchissant de la vie, aux castes se sont substituées les corporations, puis les administrations librement recrutées, et même, spécialement, aux clergés mariés les clergés célibataires. Le type jésuite, par exemple, est bien plus répandu et plus permanent parmi les pères de la compagnie de Jésus, qu'il ne le serait si cet ordre célèbre, comme celui des brahmanes, s'était propagé par filiation naturelle. L'idéal serait, dans la direction où courent nos sociétés depuis l'ère moderne, que nulle barrière factice ne s'opposât au meilleur emploi possible des vocations individuelles. Alors, dans chaque profession, il n'y aurait que des gens *nés* et jusqu'à un certain point *conformés* pour elle ; et substitués de la sorte aux types ethniques qui auraient perdu chaque jour de leur importance, les types professionnels deviendraient la classification supérieure de l'humanité. En sorte que, après avoir fonctionné au service du principe vital de génération et d'hérédité, au temps des castes, le principe social d'apprentissage et d'imitation se le subordonnerait, comme il convient. — Il en serait de même du métier qui consiste à vivre aux dépens de tous les autres sans leur rien rapporter. Le criminel-né des nouveaux criminalistes, c'est donc le criminel unique de l'avenir, récidiviste endurci et indomptable ; il émerge déjà du flux montant des statistiques criminelles comme le monstre à frapper, comme l'écume à rejeter, comme la seule des conformations physiques et psychologiques qui se refuse absolument à l'assimilation sociale, — actuellement du moins, — et dont l'élimination s'impose. Par là nous apparait son importance, et l'intérêt de curiosité, sinon de sympathie, qui s'attache à sa description exacte et complète [1].

[1] Dans une communication adressée à la Société de psychologie physiologique présidée par M. Charcot, M. Garofalo, après avoir apporté sa part d'observations personnelles à la théorie du type criminel, fait ses réserves au sujet de l'interprétation conjecturale que nous venons d'en donner. « Comment expliquer, dit-il notamment, que les caractères psychologiques et physiologiques du criminel-né se rencontrent si peu fréquemment dans les vrais délinquants de

VI

Peut-être cependant y aurait-il une conclusion plus consolante à dégager de ce qui précède. Classé comme nous venons de le faire, le type criminel ne nous laisse-t-il pas soupçonner sa nature relative et, qui sait, passagère? Si, en effet, il y a quarante ou cinquante ans, on avait soumis les employés des messageries ou des télégraphes aériens, ou de toute autre administration disparue, aux expériences et aux observations de Lombroso, on aurait trouvé un type physique spécial à chacun de ces métiers, en ce sens que sa présence y aurait été reconnue plus fréquente que nulle part ailleurs. On aurait donc été, dans une certaine mesure, en droit de dire qu'il y a des conducteurs-nés de diligences, par exemple. Cela n'empêche pas que le jour où la locomotive et le télégraphe électrique ont été inventés et répandus, les véhicules et les télégraphes incommodes d'autrefois ont cessé d'être fabriqués. Je ne veux pas insinuer par là qu'il serait aussi aisé, moyennant quelques découvertes nouvelles, de sup-

profession, les *pick-pockets* par exemple ? Ce sont pourtant les récidivistes les plus endurcis, les incorrigibles par excellence, pendant que des criminels présentant les caractères les plus saillants du type n'ont presque jamais le temps de devenir habituels. Ils frappent souvent, dès le commencement, un grand coup qui les mène tout droit au bagne ou à l'échafaud ; et, en tout cas, ce sont précisément ceux auxquels le crime ne rapporte généralement pas autre chose que l'assouvissement d'un instinct féroce. » Je vois par cette objection que je me suis peut-être mal expliqué. J'ai entendu dire que le criminel-né était entraîné par une *vocation* véritable vers la carrière du crime, comme le mathématicien-né vers les mathématiques, et que cette vocation-là se reconnaît souvent dès le premier méfait, sans qu'il soit besoin d'autre preuve. Quant aux artistes dévoyés qui se consacrent par paresse à d'ingénieux petits larcins, ils ont choisi ce métier comme ils en auraient choisi un autre quelconque aussi lucratif et peu occupant, et, s'ils lui restent fidèles, c'est qu'une fois pris dans cet engrenage ils n'en peuvent plus sortir. — Du reste, M. Garofalo reconnaît que l'existence de nos *types professionnels* « n'est pas invraisemblable. »

primer, en la remplaçant avantageusement, la carrière du crime. L'espoir pourtant n'en est pas tout à fait chimérique, comme nous le verrons peut-être. Il nous suffira de dire, pour le moment, que la supposition d'où nous sommes partis ci-dessus, celle de vocations naturelles pour certains modes particuliers d'activité sociale, demande à être rectifiée ou précisée. La nature, en diversifiant ses thèmes propres, n'a nul égard à leur emploi possible par la société. Aussi n'y a-t-il de prédestinations vraiment naturelles que dans un sens très large où plusieurs métiers indifféremment peuvent être compris. Dans ses profondes recherches sur l'hérédité et la sélection dans l'espèce humaine, M. Alphonse de Candolle fait cette remarque à propos des aptitudes scientifiques. Et, certes, si elle est vraie pour celles-ci, à plus forte raison doit-elle l'être pour la plupart des autres. « L'homme doué, dit-il, d'une forte dose de persévérance, d'attention, de jugement, sans beaucoup de déficits dans les autres facultés, sera jurisconsulte, historien, érudit, naturaliste, chimiste, géologue ou médecin, selon sa volonté, déterminée par une foule de circonstances... Je crois peu à la nécessité de vocations innées et impérieuses pour des objets spéciaux, excepté probablement pour les mathématiques. Ce n'est pas, comme on le voit, nier l'influence de l'hérédité, c'est la considérer comme quelque chose de général, compatible avec la liberté de l'individu[1]. » Peut-être M. de Candolle s'exagère-t-il ici l'indétermination des innéités. Il semble oublier que, parmi tous les modes d'activité expérimentés ou observés par nous, il en est toujours un, et presque toujours un seul, où se fixe notre préférence ; et comme, à mesure que notre champ de tâtonnements préliminaires s'étend par le progès des communications, nous approchons du moment où il embrassera le domaine entier des carrières existantes à une époque donnée, cela

[1] *Histoire des sciences et des savants depuis deux siècles.* (Genève, Georg, éditeur, 1885.)

revient à dire qu'il y a toujours, ou presque toujours, à chaque instant de l'histoire, une carrière précise, une seule, naturellement correspondante à chaque variété individuelle, et l'attirant exclusivement si rien ne s'oppose à ce choix. Il n'en faut pas davantage pour expliquer la présence fréquente de cette variété ou d'une variété voisine parmi les personnes adonnées à cette carrière, et la statistique, en signalant cette fréquence, ne fera que révéler, suivant sa coutume, l'action d'une cause constante au milieu de causes variables, à savoir une influence permanente d'ordre naturel, mêlée aux influences multiples et multiformes d'ordre social qui poussent à l'adoption de la voie dont il s'agit. La réalité du type ainsi dégagé est donc certaine. Mais, en même temps, il ne faut pas p[illegible], on le voit, que le passage d'un état social à un a[illegible] c'est-à-dire qu'un changement survenu dans le nombre, la nature et les avantages ou les risques relatifs des divers métiers, pour faire dévier sensiblement la ligne de toutes les vocations, même les plus décidées. Il n'est donc pas permis d'affirmer que tel homme, aujourd'hui voué au crime fatalement, l'eût toujours été et le sera toujours, parce qu'il est criminel de naissance. Personne, sauf quelques monomanes d'incendie ou de meurtre, ou quelques kleptomanes, qu'il faut se garder de confondre avec les criminels-nés, personne ne naît tout exprès pour tuer, brûler, violer et voler son prochain. S'il eût existé des anthropologistes dans l'Athènes d'Alcibiade, il ne leur eût pas été mal aisé d'esquisser les linéaments typiques du pédéraste-né, de celui qu'une impulsion organique et irrésistible semblait précipiter, dès le berceau, dans cette aberration nationale de l'instinct sexuel. Ils n'étaient point rares, les Athéniens voués à cette habitude enracinée, comme nos récidivistes à celle du vol ou du meurtre. Nous savons pourtant que ce vice honteux, avant d'être devenu une tradition, j'allais dire une institution attique, avait commencé par être une mode importée du dehors, et qu'il a fini par s'en aller comme il était venu. Il ne faut donc pas trop se hâter d'expliquer physiologiquement ce qui peut-être a une explication en grande partie sociale.

A voir dans *l'Histoire de la Révolution*, par M. Taine, le paroxysme de criminalité à la fois violente et cupide atteint par certains terroristes, Carrier, Lebon et autres, on les prendrait pour des criminels-nés de la plus belle eau, quoique l'influence de l'exemple ambiant suffise assurément à expliquer tous leurs actes, comme le reste de leur existence l'a souvent prouvé. Pourtant, dans leur phase horrible, il est tel trait qui épouvanterait Lacenaire ou attendrirait un Fidgien : par exemple, l'exécution, sous les yeux de Carrier, d'un enfant de treize ans qui, « déjà lié sur la planche, mais trop petit et n'ayant sous le couperet que le sommet de la tête, dit à l'exécuteur : Me feras-tu beaucoup de mal (t. III, p. 288) ? » — Autre exemple. On sait les rites cruels des anciens Aztèques, leurs sacrifices humains par milliers, leurs idoles barbouillées du sang des victimes, leurs continuelles effusions de sang au temple et à domicile dans l'habitude de la vie. Eh bien, l'Indien, qui descend directement de ce peuple, est, selon Biart (*les Aztèques*, p. 164), le plus doux, le plus inoffensif, le moins féroce des hommes. Les mœurs de leurs ancêtres n'étaient donc pas un effet de la race, qui n'a pas changé, mais un produit de leurs croyances religieuses, fortuites en partie, qui auraient bien pu être différentes puisqu'elles ont changé depuis lors.

M. Ferri lui-même nous fournit une considération à l'appui de notre idée. Pour répondre à l'objection que le type criminel se remarque, bien rarement, il est vrai, chez des gens honnêtes ou du moins sans condamnation judiciaire, il observe avec raison que la criminalité innée peut rester latente, et que les criminels-nés, auxquels l'occasion de commettre un crime a manqué, font pendant aux criminels d'occasion qui ne sont point nés pour le crime. « Dans les individus des classes élevées, dit-il encore, les instincts criminels peuvent être étouffés par le milieu (richesse, pouvoir, *influence plus grande de l'opinion publique*, etc.). Les instincts criminels se dissimulent sous des formes voilées, évitant le Code pénal. Au lieu de tuer avec le poignard, on poussera sa victime en des entreprises périlleuses; au lieu de voler sur la voie publique, on trichera au jeu de Bourse; au lieu de violer, on séduira et on abandonnera sa victime... » Lombroso lui-même ne parle pas autrement. A propos des associations de malfaiteurs, ne nous dit-il pas qu'elles diminuent dans les pays civilisés, « mais se transforment en associations équivoques, politiques ou de commerce? » Que de sociétés anonymes, que d'agences, que de comités, qui sont des collections de bandits, mais des bandits mitigés par la culture! Le savant professeur se plaît à assimiler les courtisanes aux délinquants, et à voir dans les maisons de tolérance l'équivalent féminin des maisons de correction. Soit. Eh bien, parmi ces réclusionnaires d'un genre à part, il lui serait facile d'établir aussi deux catégories bien tranchées, plus nettes à coup sûr que les deux catégories correspondantes du monde criminel, à savoir les prostituées d'occasion et les prostituées-nées. Cependant, celles-ci mêmes, qu'un tempérament spécial, le plus spécial, certes, et le plus impérieux de tous les tempéraments, semble prédestiner aux bouges, y seraient-elles jamais entrées sans les conditions ou les rencontres sociales qui les y ont poussées en réalité? Non; plus heureuses, mariées, et restées ce qu'on appelle honnêtes, elles auraient pu être, sans que le diable y perdît rien, des boutiquières très achalandées, des femmes dites légères, ou coquettes, ou charmantes, dont le salon n'eût pas désempli, et de ravissantes actrices. — Nous venons d'indiquer ainsi la voie ou les voies multiples par lesquelles l'atténuation du virus criminel, pour ainsi dire, peut être obtenue à la longue. Cette atténuation, tout à fait analogue à celles dont s'occupe M. Pasteur, comporte une série de phases graduelles. Le vol avorté devient escroquerie ou abus de confiance, puis jeu de Bourse ou spoliation de l'adversaire, colorée du nom de mesure politique, enfin ce qu'on nomme habileté; le meurtre avorté devient duel déloyal, puis calomnie ruineuse ou dénonciation mortelle, enfin énergie, hardiesse et sang-froid. A force de se diluer, donc, le virus finit souvent par devenir un utile ferment, et il ne serait pas difficile, en effet, de découvrir au fond des choses sociales les plus fécondes et les plus civilisatrices, ambition, cupidité, galanterie, courage, la sève et la saveur d'instincts sauvages lentement adoucis. Enfin, dans son chapitre si intéressant sur la criminalité des enfants, Lombroso remarque combien les instincts criminels sont fréquents à cet âge, mais avec quelle facilité ils disparaissent en grande partie sous l'influence d'une bonne éducation, ajoutons d'une bonne chance. Si pourtant l'enfant est mal élevé et malheureux, elles persistent chez l'adulte; et, dans ce cas, on peut continuer à les dire innées, car en fait elles le sont. Mais cette persistance, due au milieu social, n'équivaut-elle pas à leur acquisition sociale? — Changez les conditions, s'il se peut, de la société, bien plutôt que son système de pénalité, et sa criminalité se modifiera. Sur cette conviction fortement motivée (*Nuovi orizzonti*, 3e édit., p. 345 et s.) repose au fond la théorie de Ferri sur les *Sostitutivi penali*, sur les équivalents de la peine, autant vaut dire sur les équivalents du crime.

Il n'est donc pas vrai que le crime, même réduit à un minimum numérique, soi-disant irréductible et assignable d'avance, ait été placé, dès l'origine, à la manière de l'amour, pour parler comme un chœur antique, « parmi les forces éternelles et divines qui meuvent ce monde. » Son origine est historique avant tout, son explication est avant tout sociale. Mais, en attendant qu'il disparaisse un jour, les variétés de la nature humaine dont il s'alimente aujourd'hui et qui, réunies, composent son type, n'auront point disparu pour cela. Elles se seront dispersées et réparties entre d'autres types. En attendant, — et je crains bien que l'attente ne soit longue, — le type qu'elles forment ne perd rien de sa réalité, parce que sa permanence indestructible doit être réputée très consestable.

CHAPITRE II

LA STATISTIQUE CRIMINELLE DU DERNIER DEMI-SIÈCLE

D'ordinaire, les volumes annuels de statistique envoyés aux tribunaux par le ministre de la justice s'ensevelissent dans les coins des greffes ou des parquets. Il n'en a pas été de même, nous l'espérons bien, de ceux qui, relatifs à l'année 1880 spécialement, sont précédés d'un rapport sur la statistique comparée du dernier demi-siècle, avec tableaux, cartes et courbes graphiques à l'appui. Cet incomparable document, déjà loué unanimement par les criminalistes et les moralistes du monde entier, et dû à notre éminent statisticien M. Yvernès, a répondu pleinement aux espérances que faisaient naître, il y a plus de quarante ans, les premiers volumes des *Comptes-rendus* de la justice criminelle et civile. Cournot, le pénétrant critique, écrivait à cette date reculée que « l'on y puiserait un jour une foule de documents précieux pour le perfectionnement de la législation et l'étude de la société, sous les rapports moraux et civils. » (*Mémoire sur les applications du calcul des chances à la statistique judiciaire*). Il ne se trompait pas. Sans la statistique annuelle, notamment, n'est-il pas certain que le foyer d'infection criminelle de notre société, la classe des récidivistes, n'eût été que soupçonnée, non montrée au doigt, non signalée à la préoccupation des gouvernements ? Mais ce n'est ni le seul service, ni surtout le seul enseignement, comme on le verra, dont nous soyons redevables à cette photographie numérique de notre état social.

L'optimisme passe en général pour une vertu officielle, mais elle paraît manquer absolument à l'auteur du Rapport dont il s'agit. Il nous apprend d'un ton alarmant des vérités tristes. Et il y a d'autant plus lieu de l'en louer que ses révélations risquent de servir d'argument aux déclamations politiques. Car l'action des événements politiques sur la criminalité n'est pas douteuse : regardez la courbe des affaires correctionnelles depuis 1835, sorte de profil de montagne en voie de soulèvement brusque après certaines dates, et dites si, devant cette silhouette, on n'est pas excusable de faire quelques malicieux rapprochements[1]. Mais ce serait perdre de vue les causes plus profondes et les agents plus cachés qui opèrent sous les faits et les acteurs superficiels. — Dirons-nous, par exemple, que le nombre des adultères poursuivis étant devenu *neuf fois* plus fort de 1826 à 1880, et celui des adultères dénoncés ayant progressé plus vite encore, tous les maris français auraient intérêt à être légitimistes? Le sujet, par malheur, ne comporte pas tant de gaîté.

I

Un grand contraste s'offre d'abord à nous. Dans le laps de temps considéré, les crimes proprement dits ont diminué de près de moitié, et les simples délits (abstraction faite des contraventions) ont plus que triplé. Comment expliquer cela ? On va dire que c'est un effet de l'instruction croissante et de l'adoucissement des mœurs, ou simplement un signe de notre nivellement social, qui, entre autres égalisations, atténue la distance entre les scélérats et les honnêtes gens. Il en serait donc de la criminalité dans son ensemble comme des Alpes ou des Pyrénées, dont les faîtes, paraît-il, vont s'abaissant au cours des âges à mesure que, par leurs débris successifs, le sol

[1] Il est bon cependant de prévenir que la vue des courbes, si on ne la complète et ne la corrige par la lecture du rapport et des tableaux, est très propre à égarer l'esprit.

s'exhausse à leurs pieds, en sorte que ces monts gagnent en étendue ce qu'ils perdent en hauteur; ou bien dirons-nous avec un ingénieux auteur que la criminalité ressemble en cela à l'animalité, dont les degrés inférieurs se signalent par une force de reproduction supérieure? Le malheur est, pour ces explications et toutes autres possibles, que le contraste indiqué est purement apparent. En premier lieu, comme M. Yvernès le reconnaît lui-même, la diminution du nombre des criminels s'explique en très grande partie par la louable habitude, généralisée chaque jour davantage dans les parquets, de *correctionnaliser* les crimes peu graves, en négligeant volontairement de relever certaines circonstances, telles que l'effraction ou l'escalade, qui accompagnent des vols de faible importance. La loi du 13 mai 1863 a consacré cette pratique dans nombre d'affaires. Transformés de la sorte en affaires correctionnelles, les faits criminels sont frappés plus sûrement de peines moindres, et d'ailleurs, si l'inculpé préfère le jury au tribunal, il lui est toujours loisible de décliner la compétence de celui-ci, qui ne peut ne pas la prononcer. La preuve que la correctionnalisation, soit illégale, soit légale, a réellement contribué à l'abaissement de la courbe des crimes, c'est que cette courbe commence à s'abaisser vers 1855 seulement, c'est-à-dire vers l'époque où la mode en question a commencé à se propager. Dans le détail des diverses natures de crimes, la preuve est plus frappante encore. C'est sur les vols qualifiés, c'est sur les viols et attentats à la pudeur contre des adultes qu'a surtout porté la diminution des accusations. Mais c'est précisément sur ces faits que s'est le plus exercée la correctionnalisation. Aussi, au moment où ils désencombrent la colonne des crimes, ils grossissent celle des délits, et, pendant que les attentats à la pudeur sur des adultes diminuent de moitié à partir de 1855, *après avoir augmenté jusqu'alors*, les outrages publics à la pudeur ont éprouvé de 1855 à 1860 une augmentation subite, frappante au milieu même de leur rapide augmentation continuelle (laquelle a été de 302 à 2,572 dans notre période demi-séculaire). Même observation pour les vols. Les vols domestiques notamment ont diminué des deux tiers (dans la colonne des crimes) depuis 1826, quoique le nombre des gens à gages ait considérablement augmenté. Est-ce à dire que les valets et les servantes sont devenus plus fidèles ? Gardez-vous de cette illusion, et regardez à la colonne des vols simples, qui ont bien plus que doublé. — Pour les faux, *idem;* ils se multiplient, je crois, chaque jour, mais on les baptise le plus possible escroqueries, nature de délit qui a plus que triplé. Pourtant, tous les crimes ne sont pas propres à être correctionnalisés; il est impossible ou difficile d'étendre le bénéfice de cette indulgence aux attentats à la pudeur sur des enfants (presque toujours commis par des gens âgés), aux assassinats, aux incendies volontaires, aux banqueroutes frauduleuses et, à vrai dire, aux crimes dignes de ce nom, qualifiés tels dans la langue commune. Par suite, que voyons-nous ? *Ces crimes-là s'accroissent constamment,* accroissement significatif et malheureusement noyé dans le calcul de la diminution d'ensemble. Quelques chiffres : les viols et attentats à la pudeur sur des enfants ont marché de 136 à 809, les assassinats de 197 à 239, les incendies de 71 à 150, les infanticides de 102 à 219[1]. En général, les crimes contre les personnes sont bien moins faciles à correctionnaliser que les crimes contre les propriétés. Or nous voyons que la courbe des premiers, à travers des hauts et des bas,

[1] L'accroissement ne s'est pas continué, ce semble, depuis 1880. En 1881, 1882, 1883, il y a eu 217, 222, 199 assassinats; 718, 752, 675 attentats à la pudeur sur des enfants; 174, 171, 191 infanticides; mais 207, 201, 177 incendies. Il ne faudrait pas trop se fier aux améliorations apparentes que semblent révéler quelques-uns de ces chiffres ; d'abord la période écoulée est trop courte pour fournir une base sérieuse à l'interprétation optimiste. — Ajoutons que l'augmentation des crimes contre les personnes depuis cinquante ans, paraîtrait bien plus importante, si, comme il convient, on chiffrait à part, dans la statistique des assassinats français, les assassinats

ne s'abaisse point dans son ensemble, et même s'élève un peu, quoique la correctionnalisation l'affecte aussi dans une certaine mesure.

La diminution de la grande criminalité a donc porté principalement sur les crimes contre les propriétés. C'est le contraire qui aurait eu lieu si cette diminution eût été autre chose qu'un escamotage. En effet, durant ce mouvement, la France s'est enrichie et instruite. Or l'un des premiers effets des progrès de l'instruction et de la richesse, et l'un des mieux démontrés par la statistique comparée des divers départements, des diverses classes, des diverses nations même, c'est qu'il en résulte une augmentation proportionnelle des méfaits contre les propriétés. Il est curieux de voir ainsi, — entre parenthèses, — la cupidité grandir avec la richesse, et, pareillement, de voir, au fur et à mesure des progrès de la vie urbaine, des relations sexuelles plus libres et plus multipliées, les passions sexuelles redoubler, comme l'atteste la progression énorme des délits contre les mœurs. Rien de plus propre que ces constatations statistiques, entre autres, à illustrer cette vérité capitale, qu'un besoin est surexcité par ses propres satisfactions.

Observons maintenant que, pour des raisons excellentes d'ailleurs, les chiffres indiqués plus haut ont trait aux accusations et non simplement aux condamnations. Or la proportion des acquittements depuis un demi-siècle, soit devant les tribunaux, soit devant les cours d'assises, ayant

corses qui, inspirés par la vendetta, ne sauraient être confondus avec de vulgaires assassinats. Cet élément perturbateur étant écarté, on verrait, puisque la vendetta et les crimes qu'elle inspire vont diminuant, que les assassinats continentaux sont en progrès sensible. — Notons l'accroissement des parricides dans ces dernières années. — Mais il y a mieux. Qu'on additionne ensemble, pour chaque année, de 1877 à 1883, tous les crimes violents, à savoir les parricides, les empoisonnements, les meurtres, les assassinats, les coups et blessures ayant occasionné la mort, on trouvera les chiffres suivants en progression *presque régulièrement ascendante* : 630, 659, 639, 665, 695, 706, 700.

beaucoup diminué, l'abaissement de la grande criminalité si nous prenions pour base de son évaluation le chiffre des condamnations et non celui des accusations, nous apparaîtrait bien affaibli.

Remarquons en outre que la répression est loin d'être devenue plus sévère. Il est vrai que le personnel de la gendarmerie et de la police a doublé; mais en revanche la magistrature s'est efforcée constamment de s'accommoder d'avance, de s'adapter, comme dirait un spencérien, à la faiblesse de mieux en mieux connue d'un jury de plus en plus imprégné du pseudo-libéralisme ambiant, de la sentimentalité émolliente dont bénéficient les criminels. « *De peur d'un acquittement* », expression courante dans les parquets, les cabinets d'instruction et les chambres de mises en accusation, l'on voit le ministère public, les juges d'instruction, les conseillers se montrer chaque jour plus exigeants en fait de preuves, ce qui du reste est souvent fort louable. A cela tient la proportion sans cesse décroissante des affaires criminelles terminées par un verdict négatif. De 82 pour 100, les accusations entièrement rejetées par le jury ont passé par degrés à 17 pour 100. Puisqu'il est notoire que le jury n'est nullement plus rigoureux que par le passé, ce résultat ne peut être attribué qu'à la « scrupuleuse attention que les magistrats apportent de plus en plus à l'examen des affaires avant d'en ordonner le renvoi devant les juridictions compétentes. »

J'expliquerais volontiers par cette *adaptation* graduelle de la magistrature au jury la diminution réelle de certaines natures d'accusations que j'appellerai secondaires, des faux témoignages, par exemple, qui ont passé de 46 ou de 101 à 4 ou à 1. On ne s'avisera point, je pense, de dire à un magistrat instructeur quelconque que cette décroissance est due à un progrès considérable dans la véracité des témoins; mais on prend de moins en moins la peine inutile de poursuivre les faux témoins. De moins en moins aussi pour la même cause, on poursuit les incendiaires, qu'il est si difficile de découvrir, et si, malgré cela, le chiffre des accusations pour incendie volontaire a sensiblement augmenté, c'est que celui des crimes de ce genre a dû croître énormément.

En tenant compte de toutes ces considérations, c'est-à-dire de la correctionnalisation progressive, des égards croissants du parquet pour la mollesse du jury, et de la distinction nécessaire entre les vrais crimes et les crimes nominaux ou secondaires, on peut tenir pour certain que depuis un demi-siècle le nombre des crimes, comme celui des délits, mais seulement dans une mesure moindre, a subi une augmentation. Cette difficulté écartée, (car c'en était une sérieuse de comprendre l'anomalie présentée par un peuple où la grande et la petite criminalité auraient varié en sens inverse et fait en quelque sorte bascule), considérons les délits spécialement parce qu'ils roulent sur des chiffres plus forts, moins sensibles aux perturbations de causes accidentelles et insignifiantes. Je préviens certaines objections à fleur de sujet. D'abord, la population a augmenté, mais d'un dixième à peu près (31 millions en 1826, 37 en 1880) tandis que le chiffre des délits communs a triplé. Cette considération n'a donc pas lieu de nous retenir. En revanche, pourrait-on ajouter, il est possible à la rigueur que, le même nombre de faits délictueux ayant été annuellement commis par hypothèse, la portion poursuivie de ces faits ait été s'accroissant d'année en année sous l'empire de diverses causes; soit, assertion bien gratuite, parce que les parquets, en multipliant les poursuites correctionnelles, se seraient de mieux en mieux adaptés à la sévérité et à la moindre exigence en fait de preuves de la magistrature assise, de même qu'ils se sont graduellement adaptés à l'indulgence du jury en diminuant le nombre des accusations; soit encore parce que la densité croissante de la population (car la population se condense même sans s'augmenter, par suite des progrès de la vie urbaine) aurait facilité la découverte de certains délits, tels que les vols, les suppressions d'enfants, etc.; soit enfin parce que certains préjugés ou certaines répugnances qui empêchent les victimes de certains délits de les dénoncer, par exemple les maris trompés, les battus dans les rixes, les maîtres volés par leurs domestiques, les dupes d'escrocs adroits, les personnes outragées dans leur pudeur, auraient été s'affaiblissant dans le courant de notre siècle. Je ne nie point l'action de ces causes; mais, si elles ont agi, elles ont dû être neutralisées par autant d'influences contraires. Les membres du ministère public, intéressés peut-être à se signaler par de grosses affaires, ont intérêt en revanche à ne pas s'encombrer de petites affaires sans importance notable. La vie urbaine favorise autant les malfaiteurs qu'elle leur nuit. La disparition de certains préjugés a certainement moins provoqué de dénonciations que l'amollissement des mœurs n'en a refoulé. En outre, les considérations ci-dessus sont évidemment inapplicables aux vagabondages, aux rébellions, aux outrages à des magistrats, aux banqueroutes, et à bien d'autres genres de délits. Ajoutons que, depuis le retour au parlementarisme brochant sur le suffrage universel, on ne saurait verbaliser ni requérir en général que contre un électeur, lequel a pour avocat d'office son élu. Les récidivistes n'étant point électeurs, c'est *peut-être en partie* pour cela que la proportion des récidives augmente toujours. En somme, il est très probable que l'augmentation des méfaits poursuivis traduit, avec un certain degré d'approximation et plutôt avec atténuation qu'exagération, celle des méfaits commis, à peu près comme la forme du crâne correspond sans trop d'inexactitude au relief du cerveau [1].

[1] Dans sa brochure sur *la Criminalité en France et en Italie* (1884), le Dr Bournet, élève de M. Lacassagne, explique en grande partie par les variations de la législation l'accroissement des délits et il énumère complaisamment les délits nouveaux qu'elle a créés. Comme si les lois sur l'ivresse publique, sur la conscription des chevaux, sur le monopole des allumettes, sur le phylloxera, etc., etc., en admettant qu'elles aient apporté un contingent notable et

Cela dit, nous remarquons que les divers délits ont progressé avec une rapidité très inégale, qui a sa signification. Il y a notamment et d'une manière approximative *trois fois* plus de rébellions contre l'autorité, *cinq fois* plus d'outrages aux fonctionnaires, *huit fois* plus de mendicités, *deux fois* plus de coups et blessures, *sept fois* plus de délits contre les mœurs (y compris le proxénétisme, qui n'a que doublé à peine, et l'adultère, qui est neuf fois plus fort), *deux fois et demie* plus de vols simples, *six fois* plus de destructions de clôtures, près de *quatre fois* plus de destructions de plants et de récoltes, *trois fois* plus d'escroqueries au moins, et au moins *six fois* plus d'abus de confiance.

Si l'on rassemble tous ces résultats, on arrive, ce semble, à cette conclusion que le cynisme et la friponnerie ont fait parallèlement, l'un aidant l'autre sans doute, des progrès énormes, que la propriété et l'autorité sont respectées de

durable à la délictuosité, — ce qui n'est pas, — doivent nous empêcher de constater l'augmentation considérable des anciens délits, des vrais. — Consultons le compte rendu de M. Yvernès, p. 58. Nous y verrons que, de 1826 à 1880, la proportion des délits prévus par des *lois spéciales*, précisément celles dont parle M. Bournet, est restée à peu près la même, deux cent vingt-sept environ sur mille préventions, et qu'ainsi elle n'égale pas le quart du chiffre total. — Le Dr Bournet écrit encore : « Pour les gens étrangers à la science du Droit pénal, il semble que chaque année la criminalité s'élève, que la démoralisation progresse. Il n'en est rien, ce n'est qu'une simple apparence. Cette augmentation totale de la criminalité est due *uniquement* à l'accroissement progressif et rapide des délits. » Or, deux pages plus loin, il est forcé d'avouer « que les crimes contre les personnes augmentent. » Ne sont-ce pas les plus importants? Plus loin, il confesse encore que « comme la folie, comme le suicide, la criminalité générale augmente avec les progrès de l'instruction. » D'ailleurs, loin de lui accorder que la statistique des délits ne saurait être le thermomètre de la moralité d'un peuple, je serais disposé à regarder les indications de ce thermomètre-là comme bien plus sûres que celles de la statistique des crimes. Outre que la première porte sur de bien plus gros chiffres, elle a trait à des actions bien moins exceptionnelles et accidentelles, bien plus réfléchies d'ordinaire, bien plus rapprochées de la conduite habituelle, bien plus propres par conséquent à révéler le niveau moyen d'honnêteté où se tient celle-ci.

moins en moins, et que les gens sans principes moraux vont se multipliant en même temps que les gens sans foyer[1]. Mais surtout la cupidité paraît avoir grandi en même temps que la fortune publique. De 1826 à 1830, elle était treize fois sur 100 le mobile déterminant des crimes d'assassinat, de meurtre, d'empoisonnement et d'incendie. Cette proportion s'est élevée par degrés à 20 pour 100 en 1856-60, puis est redescendue à 17 en 1871-75, pour se relever en 1876-80 et atteindre 22 pour 100. A l'inverse, l'amour, qui était 13 fois sur 100, il y a cinquante ans, le mobile des mêmes crimes, ne l'est plus que 8 fois sur 100. Évidemment, l'amour a baissé, ou la cupidité a monté. Mais l'amour, force naturelle, n'a pu diminuer, non plus que la haine, malgré sa participation également moindre aux crimes précédents. Pour preuve, notons que le nombre annuel des suicides par amour est resté à peu près le même depuis quarante ans, tandis que les suicides par revers de fortune ont beaucoup augmenté, que les suicides pour causes de souffrances physiques ont quadruplé, et ceux pour cause d'ivrognerie quintuplé. C'est donc la cupidité qui a fait des progrès. Aussi un tableau spécial montre que la proportion des délits contre les personnes (à l'opposé de ce qui a lieu artificiellement pour les crimes) a régulièrement dé ru depuis 1826, tandis que celle des délits contre les propriétés augmentait avec une régularité égale.

II

Ce tableau est sombre. Par bonheur, nous rencontrons M. Poletti sur notre chemin, et le sourire de ce rassurant criminaliste italien, dont les idées spécieuses sont des-

[1] Ajoutons que les demandes en séparation de corps ont quadruplé en quarante-quatre ans, et que, spécialement, depuis la loi sur l'assistance judiciaire, elles sont devenues dans la classe ouvrière huit fois plus nombreuses.

tinées, je crois, malgré leur fausseté, à faire leur chemin, se moque un peu de notre tristesse. Dussent-elles rester inconnues, elles mériteraient examen, parce qu'elles sont une réponse originale à la grave question de savoir quelle est l'influence de la civilisation sur la criminalité. Puis, elles peuvent être citées comme une forme typique de cette force d'illusion invincible en vertu de laquelle chacun de nous est porté à tirer vanité, malgré l'évidence contraire, de la supériorité de son temps. M. Poletti nous dit ou à peu près: Le nombre des délits ou des crimes peut augmenter dans une nation, bien que la criminalité y décroisse. S'il n'a que doublé ou triplé, pendant que parallèlement le nombre des actes producteurs et conformes aux lois, l'activité sociale féconde et utile, a triplé ou quadruplé, comme on en a la preuve en France par la comparaison des statistiques commerciales dans le dernier demi-siècle et la plus-value des impôts indirects, il y a eu en définitive progrès moral et non décadence. Car, à moralité égale, ou, ce qui revient au même, à immoralité, à criminalité égales, les chutes dans le mal doivent se proportionner exactement à l'accroissement des occasions de chute. Voilà, si je ne le dénature en l'abrégeant, à mon point de vue, l'argument de M. Poletti[1]. Il consiste, en somme, me semble-t-il, à évaluer la criminalité comme on apprécie la sécurité d'un mode de locomotion, et à procé-

[1] Sa pensée a encore une autre face plus en relief; qu'ils soient ou non des occasions de chute et des circonstances atténuantes, les actes producteurs sont justement l'opposé et la compensation des actes destructeurs, crimes et délits. Mais c'est une erreur manifeste. On n'est neutralisé que par son contraire; et le contraire d'un vol, par exemple, est-ce une affaire, vente ou achat ? Non, c'est une donation à titre absolument gratuit, ce qui est si rare! Qu'on me dise si les donations parfaitement désintéressées ont triplé en même temps que les vols... L'acte délictueux est rarement un acte *destructeur*, opposé comme tel à l'acte producteur correspondant. Il y a l'incendie volontaire. Eh bien, je me demande si les progrès de la bâtisse ont marché aussi vite que ceux de l'incendie volontaire depuis les compagnies d'assurances.

der, pour décider si la criminalité des Français notamment a augmenté ou diminué depuis cinquante ans, comme on procède pour juger si la sécurité des voyageurs en chemin de fer aujourd'hui est inférieure ou supérieure à celle des voyages en diligences vers 1830. De même qu'ici on résout le problème non en comparant simplement les chiffres des voyageurs tués ou blessés aux deux époques, mais en disant qu'il y en a eu un de tué ou de blessé à telle date ou à telle autre sur tant de milliers de voyageurs ou de millions de kilomètres parcourus, pareillement on doit, pour répondre à l'autre question, dire qu'il y avait, par exemple en 1830, un abus de confiance poursuivi annuellement sur tel nombre de transactions ou d'affaires susceptibles d'en provoquer, et qu'il y en a un de nos jours sur tel autre nombre de transactions ou d'affaires semblables [1]. Pourquoi ne pas ajouter que, par suite des communications plus fréquentes, des entraînements plus dangereux de la vie urbaine en progrès, l'augmentation énorme du chiffre des adultères constatés n'a rien de surprenant et révèle un vrai raffermissement de la vertu féminine ?

Cette manière optimiste de voir les choses n'est point partagée, et je ne m'en étonne pas, par l'auteur officiel du Rapport qui déplore quelque part les *douloureuses constatations* de la statistique et le *débordement de démoralisation* révélé par elle. En fait et en droit, d'ailleurs, rien de plus erroné que le calcul précédent. En fait, pour les abus de confiance qui ont sextuplé, pour les délits contre les mœurs qui ont septuplé, etc., il n'est pas vrai que les

[1] M. Poletti dit (p. 76) que, dans sa manière de voir, la criminalité est un reste (*residuo*) obtenu en retranchant de la somme d'activité productrice et conforme aux lois à un moment donné la somme d'activité destructrice et criminelle à ce même moment. Mais, évidemment, il a mal rendu sa pensée, puisque, si le chiffre de la seconde espèce d'activité venait à diminuer, le reste croîtrait, d'où il suivrait que la criminalité aurait fait des progrès. C'est le contraire qu'il a voulu dire. Mais le contraire n'est pas exact non plus ; et, en réfléchissant, on verra qu'il s'agit ici de quotient et non de reste, de division et non de soustraction.

affaires ou les rencontres à l'occasion desquelles ils se produisent soient devenues six fois, sept fois plus nombreuses. En droit, pour l'ensemble des crimes et des délits, il me semble d'abord qu'on fait une confusion. On a beau dire et démontrer, pour continuer ma comparaison, que les chemins de fer sont le moins périlleux des moyens de transport ou que le gaz est le plus inoffensif des éclairages, il n'en est pas moins vrai qu'un Français de 1826 risquait moins de mourir d'accident de voyage ou d'être victime d'un incendie qu'un Français de nos jours. Il y a un demi-siècle, on comptait par an quinze morts accidentelles sur 100,000 habitants, maintenant trente-six. C'est l'effet des découvertes qui constituent la civilisation de notre siècle. Cependant la vie moyenne en somme n'a pas diminué de durée; je sais même qu'on la croit généralement en voie de prolongation; mais les statisticiens sérieux *ont soufflé sur cette illusion*[1], pour employer leurs propres termes. Tout ce qu'on peut dire, c'est qu'on a maintenant moins de chance qu'autrefois de mourir dans son lit, mais autant de chances de mourir tard. Les inventions civilisatrices ont donc apporté leur remède à leurs maux, et on peut en dire autant de leur effet, de ces convoitises, de ces besoins, qu'elles ont créés ou surexcités et d'où naît le crime, en même temps que le travail. Mais, si compensé qu'il soit,

[1] Voy. *Statistique de la France*, par Maurice Block, t. I, p. 81. Il est à remarquer que la vie moyenne des femmes, sur lesquelles la civilisation, sans vouloir leur rien dire de désagréable, a eu moins d'action certainement que sur les hommes, est un peu supérieure à la vie moyenne de notre sexe. Si donc la vie moyenne s'était réellement prolongée, ce ne serait pas en tout cas un effet de la civilisation. — Voici comment l'accroissement de la vie moyenne se trouve être imaginaire. On la calcule en divisant, pour un pays donné et à une époque donnée, le nombre d'années qu'ont vécu les habitants vivants par le nombre de ceux-ci. Le quotient, à savoir la vie moyenne, devra être, (toutes choses égales d'ailleurs, c'est-à-dire les chances de mortalité restant exactement les mêmes), plus fort si la proportion des enfants dans le nombre des habitants diminue. C'est évident, puisque les enfants, ayant moins vécu que les adultes, apportent avec eux un moindre contingent au divi-

un mal est un mal, nullement amoindri en soi par le bien qui l'accompagne. Si l'un peut à la rigueur être séparé de l'autre, cela est clair; et, s'ils sont indissolubles à jamais, hypothèse désespérante, cela est encore plus clair. Il m'importe peu que la sécurité des voyages, que la moralité des affaires aient augmenté quand la sécurité, quand la moralité des hommes voyageurs ou autres, commerçants ou autres, a diminué (ou *paraît* avoir diminué) de moitié ou des trois quarts. Pour une masse égale d'affaires, il n'y a pas plus de délits, soit, j'admets même qu'il y en a moins; mais court-on, oui ou non, plus de risque aujourd'hui d'être trompé, escroqué ou volé par un Français qu'on n'en courait il y a cinquante ans? Voilà ce qui nous importe au plus haut degré et non une abstraction ou une métaphore. N'est-ce pas un mal certain, indéniable, qu'une classe ou une catégorie de citoyens, si active ou si affairée qu'elle soit devenue, celle des industriels ou des femmes mariées par exemple, fournisse un contingent triple, sextuple, à la justice criminelle du pays? N'est-ce pas un mal aussi que, depuis quarante ans, le nombre des faillites ait doublé, quoique le développement commercial ait plus que doublé[1]? Ce mal était du reste si peu inévitable,

dende. Or, précisément, la civilisation a pour effet de diminuer la fécondité des mariages... Au lieu de *vie moyenne accrue*, il faut donc lire *infécondité croissante*. — Par la même raison, remarquons-le, si l'on calculait pareillement la taille moyenne, c'est-à-dire en divisant toutes les longueurs de taille des vivants à un moment donné par leur nombre à ce même moment, la taille moyenne paraîtrait avoir augmenté, les idées de Malthus ayant fait leur chemin dans les familles.

« La mortalité en Europe a été, de 1865 à 1876, par mille habitants : de 31,6 pour l'Autriche ; de 27,4 pour l'Allemagne ; de 24,3 pour la France ; de 22,2 pour l'Angleterre ; de 19,4 pour la Suède et de 7, 6 *seulement pour la Laponie.* » (*Réforme sociale*, 15 juillet 1885, monographie sur des pêcheurs lapons.) Allez donc attribuer ensuite au progrès de la civilisation l'accroissement de la vie !

[1] Ce qui est plus grave peut-être, la proportion des faillites closes pour insuffisance d'actif a presque doublé aussi. De plus en plus on expose l'argent d'autrui. « Les intérêts engagés dans les entreprises commerciales sont de moins en moins sauvegardés.»

malgré le principe purement arbitraire d'où part M. Poletti, qu'un mal moindre, celui des procès de commerce, a diminué depuis 1861, malgré l'essor croissant des affaires[1]. C'est ainsi que, grâce à la civilisation également, les occasions de guerres, les excitations belliqueuses n'ont jamais été si nombreuses ni si fortes que dans la période la plus pacifique de notre siècle, de 1830 à 1848. Quant aux procès civils, ils se reproduisent régulièrement en nombre égal, chose remarquable, malgré la complication des intérêts, la multiplication des contrats et des conventions, le morcellement de la propriété. Cependant qu'y aurait-il eu de plus acceptable *à priori* que de regarder l'accroissement des procès civils ou commerciaux comme un signe constant et nécessaire de prospérité, d'activité civile et commerciale ?

Je comprendrais mieux un point de vue précisément contraire à celui que nous réfutons. Comment ! l'accroissement de l'activité laborieuse et de la richesse rendrait naturel celui des crimes et des délits ! mais que devient donc ce pouvoir moralisateur du travail, cette vertu moralisatrice de la richesse, dont on a tant parlé ? L'instruction a fait de grands progrès. Que devient l'action bienfaisante tant préconisée des lumières sur les mœurs ? Quoi ! ces trois grands remèdes préventifs du mal social, le travail, l'aisance générale, l'instruction, triplés ou quadruplés, ont agi à la fois, et, au lieu de tarir, le fleuve de la criminalité a débordé ! De deux choses l'une : ou il faut reconnaître qu'on s'est trompé en attribuant à ces causes une influence

[1] Ajoutons que, inversement, la diminution des transactions commerciales, la crise survenue en 1882, a fait monter dans cette même année le chiffre des différends commerciaux de 232,851, (statistique de 1881) à 253,064. En outre, toujours en même temps que les affaires se ralentissaient, les faillites augmentaient. Elles se sont accrues d'*un sixième* de 1878 à 1883. — Enfin, les affaires civiles ont participé dans ces dernières années, comme chacun sait, au ralentissement des affaires commerciales. Or, il est remarquable que de 1880 à 1883, en trois ans, le nombre de procès civils, malgré son uniformité habituelle, s'est élevé exceptionnellement de 11 pour 100.

bonifiante, ou il faut avouer que, pour leur avoir résisté, et avec tant d'avantage, les penchants criminels ont dû grandir beaucoup plus vite encore qu'elles ne se déployaient. Dans les deux cas, il est clair que la société a réellement empiré, comme les chiffres de la statistique criminelle l'indiquent, mais, dans le second, beaucoup plus qu'ils ne l'indiquent. Heureusement il y a une troisième alternative que nous omettons : c'est que quelques autres causes, faciles ou non à extirper, mais dont on ne se préoccupe pas assez, agissent de plus en plus, quoique la nature humaine ne soit pas devenue plus mauvaise. Nous allons y revenir : quoi qu'il en soit, il n'est pas douteux qu'un tel état de choses appelle un surcroît ou un changement de répression et de pénalité. Si les crimes et les délits ne sont, comme on le veut, que les accidents de chemins de fer de la vie sociale lancée à toute vapeur, n'oublions pas qu'un train plus rapide exige un frein plus fort ou plutôt différent.

Un exemple emprunté à un autre ordre de faits fera mieux comprendre ma manière de voir. « On pouvait penser, dit M. Block, dans sa statistique de la France, que la multiplication du nombre des lettres (par suite de l'abaissement du tarif en 1848), augmenterait le nombre de celles que la poste serait hors d'état de remettre au destinataire, c'est-à-dire qui tomberaient au rebut. Il n'en a pas été ainsi. » Suit un tableau d'où il résulte que de 1847 à 1867, non seulement le nombre proportionnel, mais le nombre absolu des lettres au rebut a diminué, d'un cinquième environ, quoique en 1867, il y eût 342 millions de lettres mises à la poste et en 1847, 125 millions seulement ; et l'augmentation d'une part, la diminution de l'autre, ont été graduelles. — Ainsi, plus les facteurs de la poste ont de besogne, moins souvent ils pèchent en l'accomplissant; plus les gens écrivent de lettres, moins souvent ils errent en mettant les adresses. Et l'on ne supposera pas que les facteurs de la poste sont devenus plus intelligents ou plus honnêtes, ou les gens plus attentifs. A honnêteté, à intelligence et attention égales, les fautes ont décru pendant que l'activité allait croissant. Autre exemple encore plus topique, fourni également par les postes. De 1860 à 1867, le nombre des lettres chargées est devenu deux fois et demi plus fort et le nombre de celles de ces lettres qui ont disparu annuellement (c'est-à-dire probablement qui ont été soustraites) s'est abaissé par degrés de 41 à 11; et je suppose toujours que la probité des agents est restée la même. Si l'on se place au point de vue de M. Poletti, c'est l'inverse qu'on aurait dû prédire *à priori*. Mais, en réfléchissant on verra que cela s'explique très bien. Qu'on me passe une image triviale. Il en est d'une société, toujours plus ou moins portée à transgresser ses propres lois, comme d'un cheval un peu faible sur ses jambes de devant, c'est-à-dire porté aux chutes. Le mieux est dans ce cas, pour l'empêcher de tomber ou rendre ses faux pas et ses chutes plus rares, de le lancer rapidement aux descentes. Plus vite il va, moins il bronche; les cochers le savent bien et les conducteurs de trains aussi. Il est bon d'aller à toute vapeur sur une voie mauvaise. Voulez-vous de même tenir en équilibre sur un doigt, une tige verticale, portée à chuter? Faites-la osciller régulièrement et très vite. Ce sont là des exemples entre mille *d'équilibre mobile* d'autant plus stable que la vitesse est plus grande[1]. Pareillement, pour diminuer le chiffre des délits d'une nation, *en supposant que son penchant au mal demeure égal*, stimulez sa production, sa civilisation, son activité régulière. D'où je suis en droit de conclure que dans le cas, — et c'est malheureusement le nôtre, — où, malgré le progrès de sa civilisation, le nombre, je ne dis pas relatif, mais même absolu, de ses délits augmente, la force de ses

[1] Il serait aisé de prouver, en philologie, que les mots les plus usuels et les plus vieux de la langue, c'est-à-dire ceux qui ont été le plus fréquemment prononcés, sont en même temps ceux qui ont subi le moins d'altérations.

penchants délictueux a augmenté plus considérablement encore. De là, à mes yeux, la nécessité de chercher, de démêler les causes sociales qui ont agi en sens contraire de la civilisation, plus fort qu'elle, mais peut-être grâce à elle, sur l'état moral de la société. J'ai cru les découvrir, mais quand même je me serais trompé en les spécifiant, il n'en serait pas moins vrai, à mon avis, qu'elles existent, qu'elles sont distinctes et séparables des forces civilisatrices et que la plaie d'une société riche ne tient pas à son bien-être, mais que son bien-être, demeuré impuissant à la guérir ou à l'empêcher, atteste la gravité du désordre constitutionnel dont elle est la suite.

Pour en finir avec M. Poletti, sa manière de voir n'est pas sans analogie avec celle des psychophysiciens. Il cherche une *loi* de la délictuosité; bon gré mal gré, il lui en faut une. Combien il regrette de ne pas pouvoir adhérer à cette école de statisticiens née de Quételet, dit-il, qui croit apercevoir « dans l'allure de la délictuosité une constance égale à celle des phénomènes naturels! » C'est pour réconcilier autant que faire se peut cette prétention avec les chiffres contraires qu'il imagine quelque chose de comparable au fameux *logarithme des sensations*, j'allais dire le logarithme de la criminalité. Il rapproche et superpose ingénieusement deux séries, entre lesquelles il établit un rapport constant, affirme-t-il, quoique sans cesse décroissant (n'est-ce pas ici contradictoire?) à savoir l'une, celle des actes producteurs et juridiques, en train de croître très vite en tout pays civilisé, du moins à notre époque, et l'autre, celle des actes destructeurs et délictueux, qui croît parallèlement, mais moins vite, non seulement en France, mais en Italie (il aurait pu ajouter en Angleterre, en Prusse et chez beaucoup d'autres peuples probablement)[1]. N'est-ce pas ainsi que, d'après la psychophysique, à une *excitation* lumineuse double, triple, qua-

[1] Voy. *la Statistique de la France comparée avec les divers pays de l'Europe*, par Maurice Block.

druple, correspond une *sensation* lumineuse bien moins rapidement croissante? Le progrès de la civilisation serait donc, au pied de la lettre, l'excitation de la criminalité. S'il en était ainsi il y aurait de quoi le maudire[1].

III

Heureusement, il n'en est pas ainsi; et pour une part, mais pour d'autres raisons que les siennes, l'optimisme de M. Poletti a du bon. Il s'est trompé pour avoir omis une considération importante, d'où va découler tout à l'heure la justification cherchée de la civilisation. On s'exprimerait mal en disant que l'immoralité, la tendance criminelle, *manifestée* aujourd'hui par un accroissement de fautes, existait autrefois à l'état *latent*. Ni psychologiquement, ni surtout socialement, cela n'est vrai, et cette soi-disant manifestation équivaut à une véritable réalisation, à un passage du néant à l'être. Car l'immoralité, au point de vue individuel, est essentiellement la rupture d'une habitude morale, rupture qui est la source d'une habitude immorale; et, tant que l'habitude morale persiste, faute de tentations, n'importe, il y a moralité. Moralité apparente, dira-t-on; mais, en apparaissant, elle est vue, elle sert d'exemple autour d'elle. Quand l'immoralité apparaît au contraire, c'est elle qui frappe les regards et *rayonne imitativement* dans son milieu, et c'est alors qu'au point de vue social elle prend naissance. La réalité sociale par excellence, en effet, est l'apparence, comme la force sociale par excellence est l'imitation sous toutes ses formes au

1 Je ne suis pourtant pas si loin de m'entendre avec M. Poletti que j'en ai l'air. Une simple cloison nous sépare, comme je le montrerai dans le dernier chapitre de ce livre; mais, si mince que paraisse à première vue la différence entre nous, elle est importante et essentielle, bien que, dans sa brochure récente sur la *persona giuridica nella scienza del diritto penale* (Udine, 1886) il dise ne pas l'apercevoir (p. 131).

sens actif et passif, l'ardeur croissante de prosélytisme et l'appétit surexcité d'assimilation[1]. L'oubli de cette vérité capitale explique l'erreur du criminaliste italien et de bien d'autres.

Non seulement donc un délit de plus est à coup sûr un mal de plus, mais encore il est la source certaine ou probable de plusieurs maux nouveaux, et il convient d'aggraver, non d'atténuer le sens des révélations de la statistique. Qu'on se frotte les mains, si l'on veut, à voir le nombre des noyés par accident doubler presque depuis 1856, et celui des morts subites sur la voie publique tripler au moins depuis 1836, parce que cela prouve qu'on se baigne et qu'on se promène davantage, je le comprends à la rigueur. Ces accidents-là ont pour caractère distinctif, d'abord d'être réellement inévitables, puis de n'être pas contagieux par imitation. Autres, à ce double égard, sont les crimes et les délits. Voilà pourquoi l'accroissement numérique des gens frappés par une condamnation est encore plus effrayant qu'il n'en a l'air. Car plus leur nombre s'accroît, plus il tend à s'accroître, comme le montre leur progression ininterrompue; et plus ils sont nombreux, plus, si on les laisse se rassembler, ils sont portés à se copier les uns les autres, au lieu de subir l'exemple des honnêtes gens, comme le prouve la proportion toujours grandissante des récidivistes parmi les condamnés. La récidive, en effet, naît du penchant à contracter les habitudes, à se copier soi-même, lequel, abandonné à ses causes individuelles, c'est-à-dire organiques, a toujours en moyenne une force égale; il se traduirait par suite en une série de chiffres uniformes, s'il n'était surex-

[1] C'est une vérité que je me suis efforcé d'établir et que je tiens pour l'un des fondements de la science sociale. Je me permets de renvoyer le lecteur à mes études publiées dans *la Revue philosophique* sous les titres de : *Les Traits communs de la nature et de l'histoire* (sept. 1882). *Qu'est-ce qu'une société?* (nov. 1884). *La Psychologie en économie politique* (sept. et oct. 1881), *l'Archéologie et la Statistique* (oct. et nov. 1883)... etc.

cité par le penchant à copier son semblable pour lui ressembler encore plus, sous l'empire de causes sociales, de contacts ou de rapports intellectuels plus fréquents, établis entre les malfaiteurs par les progrès de la voirie, de la presse et de la poste. C'est donc la force croissante de ce dernier penchant qui s'exprime ici par les chiffres progressifs de la statistique. — En veut-on la preuve? De 1826 ou 1828 à 1879, la proportion des récidivistes sur cent accusés ou prévenus a *doublé* à peu près, et, de 1850 à 1879, elle a augmenté de plus du tiers, mais dans cette dernière période, chiffre moyen, elle a été de 32 pour 100 par an pour toute la France. Or cette moyenne générale est loin d'être atteinte par les pays montagneux ou sans grandes villes, par exemple les Basses-Alpes, la Corse, l'Ardèche, la Haute-Loire et l'Ariège, qui donnent 20 pour 100; et elle est grandement dépassée par les départements du Nord, où la population est dense, par la Seine-Inférieure, Seine-et-Oise et la Marne, où elle atteint 40 pour 100, et surtout par la Seine, où elle est de 42 pour 100. Le rapport ajoute en forme de conclusion: « Dans les 40 villes qui ont plus de 30,000 âmes, on compte un récidiviste pour 307 habitants, tandis que dans les villes d'une population inférieure on ne compte un récidiviste que pour 712 habitants. » C'est très significatif, surtout si l'on observe qu'on paraît prendre ici l'effet pour la cause. Ce ne sont pas les récidivistes, c'est-à-dire les condamnés ayant déjà rechuté, qui affluent dans les grandes ville; ce sont les grandes villes qui, après avoir attiré les condamnés et les avoir groupés ensemble dans certains quartiers ou dans certains établissements, ont la vertu de les exciter à de nouveaux méfaits. Et l'on voit avec quelle force. Autres considérations dans le même sens: la proportion des récidivistes en matière criminelle est plus grande qu'en matière correctionnelle, sans doute parce que la force de l'habitude engendrée par l'acte mauvais est d'autant plus intense qu'étant plus mauvais il révèle plus de hardiesses et, après son accomplissement, isole davantage son auteur de la société honnête. En revanche, la progression de cette proportion marche moins vite en fait de crimes qu'en fait de délits. Pour les crimes, elle passe avec une imperturbable régularité[1] de 33 récidivistes pour 100 accusés en 1851, à 48 pour 100 dans la dernière période; pour les délits dans le même laps de temps et non moins régulièrement, elle va de 21 à 41 pour 100: elle double presque. Pourquoi? Parce qu'il est bien plus difficile aux criminels qu'aux délinquants de se rassembler et que les premiers ont bien moins profité que les seconds de la facilité accrue des communications. L'isolement relatif des condamnés pour crimes, s'il les livre davantage à leurs propres inspirations, les soustrait mieux aux mauvaises suggestions du dehors. — Enfin, observons que la progression est moins sensible pour les femmes que pour les hommes. Les femmes se déplacent et se rassemblent moins.

Je me suis attaché à cet exemple, parce que, indépendamment de son actualité, il est assez propre à montrer l'importance sociale de l'imitation et l'aveuglement des théories qui la méconnaissent ou qui l'oublient. Quand on a égard autant qu'il convient à cette action incessante et toute-puissante, on est effrayé sans doute de voir l'armée du crime, la horde des condamnés grossir chaque jour. Mais peut-être aussi, au fond de ces chiffres et à notre

[1] Cette régularité est on ne peut plus frappante, et, comme toutes les séries régulièrement ascendantes du même genre en statistique, elle révèle l'action d'une *mode* qui se propage, (V. mes articles ci-dessus cités sur l'archéologie et la statistique), ce qui n'empêche pas qu'elle ne soit la manifestation d'instincts criminels. Le récidiviste est presque toujours un criminel-né dans le sens de Lombroso, mais sa criminalité native eût pu rester latente ou trouver un écoulement non criminel, sans les causes sociales qui l'ont aiguillonnée ou *aiguillée* dans le sens du crime. Si la récidive n'était due qu'à des causes naturelles, elle se traduirait statistiquement par des chiffres proportionnels immuables, comme l'influence de l'âge ou des saisons.

point de vue, y a-t-il quelque chose de plus rassurant que les explications de M. Poletti. Le mal est grand, soit; mais en résulte-t-il que notre société est réellement aussi malade qu'il peut le sembler? Et croirons-nous pour de bon que notre nation économe et laborieuse, à mesure qu'elle travaille [1], qu'elle épargne davantage, va se dépravant? Non, c'est impossible, et la progression ininterrompue de la proportion des récidivistes parmi les accusés ou les prévenus doit être pour nous un trait de lumière. Cette proportion rapidement et régulièrement grandissante n'est point en elle-même fâcheuse; au contraire, elle montre que la criminalité se localise en devenant une carrière, et que de plus en plus la démarcation se creuse, par une sorte de division du travail, entre les honnêtes gens, chaque jour plus honnêtes peut-être (?) et les coquins, chaque jour plus mauvais. (Par exemple, il faudrait se garder de voir un signe de l'honnêteté croissante des honnêtes gens dans le chiffre des contraventions fiscales et forestières, lequel s'est abaissé prodigieusement de **81,000** en **1835** à **21,000** aujourd'hui, abaissement dû, nous le savons, à la faculté de transiger, ou à l'inertie des agents.) Le malheur est que le métier de malfaiteur soit devenu bon, qu'il prospère, comme le prouve l'accroissement numérique des délits et des prévenus, même abstraction faite des récidivistes et des récidives.

Il en résulte que la contagion imitative de cette corporation antisociale ne reste pas tout entière renfermée dans son propre sein, où elle se traduit par le mutuel endurcissement, mais qu'elle rayonne en partie au dehors parmi les déclassés qu'elle classe, parmi les oisifs qu'elle occupe,

[1] Sur le progrès supposé de la *quantité* de travail, je ferai mes réserves. Le travail est devenu plus productif, oui; mais plus intense? j'en doute. On remarquera que les campagnes émigrent vers les villes, que le paysan se transforme en ouvrier. Or le paysan français est ce qu'il y a de plus laborieux au monde après le paysan chinois. Mais ce qu'il y a de plus moralisateur sans contredit, c'est le travail, quel que soit son degré de productivité.

parmi les décavés de tout genre qu'elle enfièvre des perspectives d'un nouveau jeu, le plus riche en émotions. Voilà la vraie source du mal. Maintenant cherchons le remède.

A quoi cela tient-il en général qu'un métier quelconque soit en voie de prospérité? D'abord, à ce qu'il rapporte davantage, puis à ce qu'il coûte moins, enfin et surtout à ce que l'aptitude à l'exercer et la nécessité de l'exercer sont devenues moins rares ou plus fréquentes. Or toutes ces circonstances se sont réunies de notre temps pour favoriser l'industrie particulière qui consiste à spolier toutes les autres. Pendant que la quantité des choses bonnes à voler ou à escroquer et des plaisirs bons à conquérir par vol, escroquerie, abus de confiance, faux, assassinat, etc., a grossi démesurément depuis un demi-siècle, les prisons ont été aérées, améliorées sans cesse comme nourriture, comme logement, comme confortable, les juges et jurés ont progressé chaque jour en clémence; les circonstances atténuantes ont été étendues aux crimes les plus atroces, et la peine de mort s'est transformée par degrés en une sorte de mannequin de paille armé d'un vieux fusil rouillé qui ne tue plus rien depuis longtemps. Les profits se sont donc accrus, et les risques ont diminué, au point que dans nos pays civilisés la profession de voleur à la tire, de vagabond, de faussaire, de banqueroutier frauduleux, etc., sinon d'assassin, est une des moins dangereuses et des plus fructueuses qu'un paresseux puisse adopter. En même temps, la révolution sociale, qu'il faut bien se garder de confondre avec la civilisation, a multiplié les déclassés, les agités, pépinière du vice et du crime, les vagabonds notamment, dont le nombre a quadruplé, si j'en juge par celui des vagabondages, qui s'est élevé de 2,500 à 10,000 depuis 1826. Ajoutez que les penchants charitables étant loin de s'être développés dans notre industrialisme fiévreux, autant du moins qu'il l'eût fallu, les condamnés encore honnêtes après une première faute, les libérés oscillant entre l'exemple de la grande société probe mais inhospitalière et celui de la petite patrie criminelle qui est toute prête à les naturaliser, finissent par tomber fatalement sur ce dernier versant comme les filles-mères dans la prostitution. Ce sont là, à mon avis, les deux circonstances les plus fâcheuses, car ce sont les plus efficaces et les plus irrémédiables. Elles facilitent le recrutement de l'industrie du mal, sa condition *sine qua non*, tandis que les autres se bornent à étendre et à assurer ses bénéfices. Elles tiennent au courant social et moral du siècle et par suite échappent à l'action directe du gouvernement et de la législation, tandis que les autres peuvent être combattues par une réforme pénale ou par une transformation politique. Mais expliquons-nous plus amplement.

Il ne peut être question, bien entendu, dans aucun projet de loi, de diminuer les profits possibles du métier de criminel, autant vaut dire les produits quelconques de l'art et de l'industrie. Mais on peut accroître ses risques par plus de sévérité et de vigilance. Sur le choix des moyens, il y a lieu de discuter. Je doute fort par exemple que la transportation des récidivistes produise les merveilleux effets qu'on en attend. La colonie pénitentiaire ne peut être qu'un enfer pour les meilleurs, qu'un Eldorado pour les pires. En somme, elle n'effrayera pas plus que l'incarcération prolongée. Nous pratiquons déjà cette peine en France sur une large échelle, et sans que la criminalité ait été le moins du monde refoulée par elle; en Angleterre, elle a été expérimentée en grand et sans plus de succès. En revanche, nous voyons un pays voisin de nous, parlant la même langue et appartenant à la même race, à la même civilisation, beaucoup plus propre par conséquent que nul autre à nous servir de pièce de comparaison, la Belgique, présenter un *décroissement constant* du nombre des crimes et des délits, quoiqu'on n'y transporte point. Il est vrai que les prisonniers y sont soumis au régime cellulaire, qui les soustrait à l'exemple les uns des autres, et dont *personne ne conteste plus les avantages au point de vue de la moralisation* des condamnés. Je copie les termes du rapport. Il est vrai encore que dans le même petit État pullulent des sociétés de patronage, presque inconnues en France, avec l'aide desquelles le libéré trouve du travail et rentre dans la sphère de rayonnement des exemples honnêtes. Si dans une nation voisine, où l'on ne transporte pas, la criminalité moyenne ou grande décroît, pendant qu'ailleurs, où l'on a transporté énormément, elle n'a cessé de croître, et que, chez nous, où l'on transporte un peu, elle croît toujours, comment se persuade-t-on qu'il nous suffira de transporter davantage pour faire redescendre la marée montante dont nous commençons à nous alarmer[1] ?

Jeter par-dessus bord ce qui vous gêne, c'est bien commode; mais cela peut mener loin. Il serait triste pour la France, à mesure qu'elle exporte moins de marchandises, d'exporter plus de délinquants et d'en venir peut-être un jour à n'avoir point d'autre article d'exportation. Encore, si cela devait servir à quelque chose! mais on voit, d'après les rapprochements précédents, que cela ne servira sans doute à rien. Au lieu de briser ou de lancer au loin l'être nuisible, il convient autant que possible de l'améliorer, de l'utiliser, de transformer l'obstacle en instrument, le démolisseur en maçon. Mais pour cela, j'en conviens, il faut faire appel aux hommes de dévouement ou du moins n'entraver en rien leur libre initiative. Or, dans notre âge industriel, l'intérêt personnel a fait de telles choses que les théoriciens en sont venus à le considérer sincèrement comme le moteur unique de tout progrès, à méconnaître le grand rôle passé d'autres mobiles, à nier leur grand rôle futur et à tenir en faible estime tout système qui s'ap-

[1] Tout cela était écrit avant le vote de la loi sur les récidivistes. Réflexion faite depuis lors, je maintiens mes observations en thèse générale, mais je ne saurais blâmer la *relégation* comme mesure d'épuration transitoire, rendue indispensable par l'incurie antérieure.

puie sur eux. Sociétés de patronage, sociétés de bienfaisance pure et gratuite, cela peut être bon, dira-t-on, cela ne saurait être indispensable. En est-on bien sûr, que la charité ait fait son temps, que le rôle de l'abnégation et du désintéressement soit fini? Qu'on me dise ce qui se fonde socialement sans ces grands ressorts, sous nos yeux mêmes, depuis le triomphe d'une armée jusqu'au triomphe d'un parti, depuis un art nouveau jusqu'à une science nouvelle, et quel est le progrès intellectuel ou moral qui ne soit dû à la propagation d'une doctrine, d'un dogme, d'une institution, d'un moyen de transport, d'une forme du beau, d'une grande innovation quelconque lancée dans le monde par l'enthousiasme d'un groupe d'apôtres dévoués à leur maître, lui-même immolé à son œuvre? Ce que l'amour a créé, l'intérêt ensuite suffit à le reproduire, mais il n'en est pas moins certain que presque tout ce qui a été trouvé de bon, de vrai, d'utile, a été cherché, voulu, directement cherché et voulu, par des pléiades successives d'hommes qui ont aimé l'art pour l'art, la science pour la science, le bien pour le bien. Supposez qu'il n'y eût eu que des égoïstes depuis Caton l'Ancien; l'esclavage existerait encore dans toute l'Europe, aussi rigoureux que de son temps. La lutte et le concours des égoïsmes n'ont jamais servi qu'à répandre pour ainsi dire l'édition des œuvres produites par l'accumulation des dévouements, ou, si l'on aime mieux, des monomanies et des folies fécondes, des idées fixes qui ruinent l'inventeur et enrichiront les copistes.

En affirmant donc l'efficacité et la nécessité d'un déploiement de bienfaisance, pour repousser le fléau des récidives criminelles, je ne crois rien alléguer d'invraisemblable *à priori*; et l'expérience semble me donner raison. Cet appareil de sauvetage qu'on appelle le patronage n'est sérieusement organisé chez nous qu'en faveur des jeunes libérés. Quels effets a-t-il produits? Le rapport de 1879 nous l'apprend. En ce qui concerne ces mineurs, « la récidive après libération, qui dépassait naguère 20 0/0, est descendue aujourd'hui à 14 0/0 pour les garçons et à 7 0/0 pour les filles [1]. » Pourquoi un tel procédé, reconnu si efficace, ne serait-il pas sur la plus grande échelle appliqué aux majeurs ? « Un fait acquis, indiscutable, dit le rapport de 1878, c'est que les rechutes se produisent surtout *dans les premiers mois qui suivent la sortie de prison :* d'où cette conclusion que *la difficulté du reclassement des libérés est la seule cause de l'accroissement de la récidive.* » Voilà le vrai mot ; mais, en présence d'une difficulté maintenant circonscrite à ce point, d'un problème réduit à ces termes, le devoir imposé au cœur n'est pas douteux. Si tout dépend de l'accueil que le libéré va rencontrer à sa sortie de prison, il faut l'attendre là, veiller sur lui, le protéger, le piloter durant cette passe difficile. Avec beaucoup de bonne volonté généreuse, on peut faire assurément que le métier de malfaiteur cesse d'être obligatoire à jamais pour ceux qui l'ont exercé une fois. Cette bonne volonté ne saurait manquer. Dans le cas contraire, tant pis. Un peuple où la force du sacrifice personnel s'épuise vit sur son capital, et sa décadence est proche. On reste généreux jusqu'au jour où l'on cesse d'être inventif et fécond, où l'on devient imitatif et routinier. L'égoïsme est une acquisition sénile.

Si l'on dit que cela ne suffit pas, j'avouerai que, cela fait, il manquera quelque chose encore. Mais quoi ? Une chose malheureusement plus difficile que la nomination d'une commission pour la réforme du code pénal : à savoir, si je ne me trompe, la fermeté et la stabilité gouvernementales, et l'apaisement spontané ou l'endiguement du courant révolutionnaire.

[1] Résultats plus merveilleux encore à New-York depuis la fondation de *l'Association d'aide à donner aux enfants*, fondée par le pasteur Brac. (V. *Revue scientifique* du 13 juin 1874.) La statistique montre qu'après s'être constamment élevé jusqu'en 1860, peu après la date de cette fondation, à 5880, le nombre des femmes arrêtées pour vagabondage s'abaisse par degrés à 548 en 1871.

IV

La civilisation et la révolution sociale font deux, et j'estime que M. Poletti les confond quand il juge le progrès de la première lié au progrès de la criminalité : autant vaudrait dire au progrès du paupérisme, erreur analogue et cent fois réfutée. Se persuader que la civilisation peut favoriser en rien la criminalité, c'est oublier que la guerre et le pillage, l'assassinat et le vol, pratiqués du moins en dehors de la tribu, ont été à l'origine ce qu'il y a eu de plus naturel à l'homme, et que la gloire de la civilisation est précisément d'avoir refoulé ces instincts. Si la civilisation n'était que la propagation imitative des moyens (mécaniques, chimiques ou autres) les plus propres à servir les buts quelconques de la volonté, héroïques ou criminels, pacifiques ou belliqueux, on serait autorisé à dire simplement que son action est nulle sur la moralité. Mais n'est-elle pas aussi la propagation imitative des buts (religieux, juridiques, esthétiques), les plus féconds, les plus vastes, les plus cohérents, c'est-à-dire les plus éloignés de la stérilité, de la pauvreté, de la mutuelle contradiction des buts qualifiés mauvais ? Elle ne saurait donc être que moralisatrice, aussi bien que pacifiante.

Mais la révolution, en ce qu'elle a d'étranger à la civilisation, c'est la guerre de classe à classe. Et, quoiqu'il puisse y avoir un art militaire bon à exercer parfois, pareillement une politique révolutionnaire utile un temps, la guerre, intestine ou extérieure, n'est pas moins la grande ennemie de la civilisation. Elle la sert sans doute quand, par l'emploi, par le rayonnement imitatif, qualifié campagne ou émeute, de procédés et d'habiletés militaires, de mesures et de violences révolutionnaires, elle ouvre aux inventions et aux utilités tout autrement durables qui constituent la civilisation, un nouveau champ d'imitation plus libre et plus ample, représenté par une classe ou un peuple mieux doués. Mais ce résultat n'est pas toujours atteint; et même, quand il l'est, c'est au prix d'un mal long à guérir, je veux dire le besoin spécial que les conquêtes révolutionnaires ou militaires satisfont et, en même temps, surexcitent la passion de bouleverser et celle de batailler, l'une et l'autre aspirant à détruire leur propre ouvrage.

La moralité d'un peuple est si étroitement liée à la fixité de ses mœurs et de ses coutumes, comme en général celle d'un individu à la régularité de ses habitudes, qu'il ne faut pas s'étonner de voir les époques troublées par de grandes crises, les nations remuées par la longue lutte de deux cultes, de deux civilisations, de deux partis, de deux armées, se signaler par leur criminalité exceptionnelle. Faut-il rappeler notre guerre de Cent ans et nos guerres de religion ? L'époque mérovingienne est une des plus remarquables à cet égard; car il n'en est pas de plus fertile en crimes de toutes sortes, ni de plus profondément bouleversée jusqu'à la racine même des institutions et des traditions. Germains, Romains, tous ont réciproquement détruit leurs coutumes par le frottement, et, par le contact, échangé leurs vices. De là à la fois la recrudescence extraordinaire des crimes de sang, — et des plus monstrueux, fratricides, parricides, qui n'ont l'air ni de scandaliser ni de surpendre l'historien ecclésiastique, — et le débordement des viols, des rapines, des perfidies. Une telle coïncidence est la caractéristiques des périodes bouleversées. La Renaissance italienne a donné, dans ses petites cités remuantes, un spectacle analogue : ici le *modèle mort*, l'antiquité classique exhumée, communiquait ses vices raffinés aux peuples rudes encore qui les combinaient avec leur brutalité persistante. — Au degré près, notre Europe contemporaine n'est pas sans offrir un peu le même caractère : on y voit la fusion des classes en train de s'égaliser démocratiquement produire l'échange de leurs aptitudes spéciales aux divers crimes, de même que, jadis, la fusion des peuples et des races. Rien ne prouve mieux que nous traversons une période de transition. — En fait d'éruption criminelle prodigieuse et multiforme, on ne saurait rien comparer dans les temps modernes à la grande Révolution française, parce que jamais le déracinement des institutions d'un peuple n'a été aussi profond; et précisément son dernier historien, M. Taine, vient de nous rendre le service de nous la montrer, — un peu complaisamment, dit-on, — sous son aspect *criminalistique* pour ainsi dire. Quelle que puisse être l'insuffisance de ce point de vue, il est éminemment instructif à nos yeux autant qu'original. Que n'avons-nous une étude de pathologie sociale du même genre sur la guerre de Cent ans! Or, quand on voit, au milieu du peuple le plus doux et dans le plus humain des siècles, éclore soudain cette floraison de crimes sanglants, de jacqueries, de septembrisades, et se répandre « cette traînée d'assassinats qui, en juillet, août, septembre **1792**, s'étend sur tout le territoire, » (exemple éclatant d'imitation criminelle), sans parler de vols et de pillages sans nombre, on a beau se détourner de là pour contempler la face héroïque liée à cet envers monstrueux, et songer aux victoires, aux champs de bataille pleins de morts, on n'en apprécie que davantage encore l'ordre et la paix. Et l'on se fait alors une juste idée de ce qu'on doit exiger des révolutions et des guerres en fait de bienfaits, pour être en droit de leur pardonner ce qu'elles coûtent.

Rien de plus démoralisant que la guerre et que la révolution, car elles passionnent et elles alarment. A l'inverse, la civilisation apaise et rassure. Elle est un gain incessant de foi et une perte incessante de désir, à peu pres (et le rapprochement n'est peut-être pas, au fond, artificiel) comme l'évolution, d'après Spenser, est un gain de matière et une perte de mouvement, et la dissolution l'inverse. Il peut paraître contradictoire qu'elle apaise notre désir dans son ensemble, en même temps qu'elle multiplie nos besoins. Tous les besoins factices qu'elle a engendrés en nous sont bien loin cependant d'être la menue monnaie de la soif et de la faim dont souffraient nos sauvages ancêtres. Et de même, en substituant aux problèmes profondément inquiétants de l'ignorance et de l'insécurité primitive les problèmes, bien plus nombreux, mais bien moins pressants, soulevés par les progrès du savoir à chaque point de ses frontières agrandies, mais reculées, elle allège en somme le poids total du doute et de l'inquiétude.

A ce signe, on reconnaît ses œuvres propres, comme les œuvres propres de la révolution au signe contraire. Leurs points de départ ne sont pas moins différents que leurs effets. La civilisation est un rayonnement imitatif complexe et très antique, qui a pour foyers principaux des découvertes de faits et de lois naturelles, des inventions utiles à tous ; la révolution sociale de notre âge est un rayonnement imitatif plus simple et plus récent, qui a pour foyers des inventions ou découvertes de droits, d'idées subjectives, utiles (ou paraissant telles) à certaines classe ou à certains partis, ou plutôt appropriées à certains tempéraments. Le rayonnement imitatif de la première, c'est le travail, c'est l'émigration extérieure, la colonisation; celui de la seconde, c'est l'agitation politique, c'est la grève et l'émeute, c'est le *déclassement* général sous toutes ses formes: émigration intérieure trop rapide (en tant qu'elle n'est pas toujours accompagnée d'un progrès dans le travail) des campagnes vers les villes, fortunes ou ruines subites, passage brusque du néant à la toute puissance politique, ou *vice versâ*, etc. Or où se recrutent, notoirement, les criminels ou les délinquants d'habitude? Parmi les déclassés. Sur tant de récidivistes urbains, comptez tous ceux qui ont émigré des champs, non pour travailler, mais pour ne rien faire. Sur tant de banqueroutiers frauduleux, de faussaires, d'escrocs, comptez tous ceux qui ont voulu s'enrichir en un jour, non par le travail, mais par la spéculation, le jeu, la politicomanie, autant de formes diverses de la même maladie révolutionnaire, du même besoin de changement à tout prix sans autre raison que lui-même[1] ?

C'est parce que cette épidémie est non seulement française, mais européenne, que l'on voit le flot de la criminalité s'élever dans presque toute l'Europe comme en France. Mais, en France, au besoin de changer de lieu, de classe, d'état social, s'ajoute le besoin de changer de gouvernement, qui de toutes les instabilités, de toutes les causes d'insécurité, est la pire, parce qu'elle accroît toutes les autres. A cet égard, considérons attentivement les courbes graphiques.

Bien que la courbe des crimes soit dans l'ensemble une pente, et celle des délits une côte, ces deux lignes se ressemblent très fort par leurs plissements quasi-parallèles. Leurs faîtes, leurs précipices, leurs plateaux se présentent aux mêmes dates. Cette coïncidence montre que ces élévations et ces abaissements pour chacune d'elles n'ont eu rien de fortuit, que ces perturbations ont leur raison dans les variations d'un même état social. Négligeons cependant les dépressions purement factices qui correspondent aux temps de troubles ou de calamités, à 1848 et 1870-71, et qui dénotent, comme on sait, non une diminution de criminalité, mais l'arrêt de la répression, par suite de l'invasion, de la mobilisation des gendarmes et de tous les adultes, de la crise sociale, etc. Écartons aussi les soulèvements dus à la disette, en 1847, en 1854 et 1855. Cet élimination faite, un phénomène qui paraît de prime abord un argument en faveur du despotisme va nous frapper. Tout le long du gouvernement de Juillet, la ligne des crimes s'abaisse peu, celle des délits monte très vite ; en somme, la criminalité grandit régulièrement, et, à travers la courte république de 1848, cette ascension se poursuit jusqu'en 1855, jusqu'au moment où, baptisé de sang par

[1] Les affranchis, des deux sexes, étaient les déclassés de la société romaine ; et l'on sait qu'elle en est morte. Mais nos déclassés, à nous, sont des affranchis sans patrons : c'est pire.

la guerre de Crimée, le second Empire s'établit ; mais, de 1855 à 1866, la ligne des crimes devient plongeante, et celle des délits elle-même ne cesse de s'incliner, ce qui atteste, au cours de ces onze années, un véritable reflux de la criminalité. Il fait bon voir comme les statistiques officielles de cette époque s'enorgueillissaient d'un tel résultat à la veille du jour où il allait être interverti. Déjà, en effet, à l'extérieur et à l'intérieur, l'Empire était ébranlé, et dès 1866 la courbe correctionnelle se redresse pour ne plus fléchir, si ce n'est en apparence.

Ainsi, le libéralisme de Louis-Philippe ne vaudrait pas, à ce point de vue, le césarisme de Napoléon III ? Les chiffres ne disent point cela ; car, en Belgique et j'ajouterai dans les Pays-Bas, un régime libéral a produit à la longue, après s'être établi lui aussi et assis dans les mœurs nationales, un effet tout pareil à celui de l'Empire autoritaire. Si le gouvernement de Juillet a été moins heureux, n'est-ce pas peut-être parce que nous n'avons jamais connu, même alors, le libéralisme qu'à l'état aigu et nullement à l'état chronique comme chez nos voisins? Puisqu'un pouvoir libéral, mais toujours mal assis, a laissé croître chez nous la criminalité, et qu'un pouvoir autoritaire, dès qu'il a commencé à chanceler, l'a laissée se relever, dans une très faible mesure, il est vrai; puisqu'un pouvoir libéral affermi a fait décroître la criminalité chez nos voisins, de même que chez nous un pouvoir autoritaire jugé stable, n'est-ce pas la preuve manifeste que la nature du pouvoir est secondaire ici, quoique non indifférente, et qu'avant tout ce qui importe, c'est la stabilité? On m'objecterait à tort l'exemple de l'Angleterre, où, malgré la fixité du gouvernement, la criminalité s'élève. Ce serait oublier la nature aristocratique de cette nation, l'extrême misère qui y coudoie l'extrême opulence, la fécondité exubérante des familles, et autres caractères qui, la distinguant de nous si profondément, peuvent neutraliser en elle le bon effet d'un régime politique stable sur la criminalité.

Maintenant, si nous comparons les courbes dont il vient d'être question avec celle des récidives (c'est-à-dire avec celle qui indique non le nombre absolu, mais la proportion des récidives pour un même nombre de crimes ou de délits, année par année) nous allons voir naître de ce rapprochement un curieux contraste. Tandis que la belle halte descendante, l'oasis de la criminalité, est comprise entre 1855 et 1866, c'est de 1835 à 1848 ou 1850 que la courbe des récidives présente une sorte de long plateau (l'accident de 1847 étant omis); mais elle se relève ensuite pour ne plus s'arrêter. Par suite, au point de vue des récidives, la statistique comparée est favorable au gouvernement de Juillet presque autant qu'elle lui est contraire au point de vue de la criminalité en général, et c'est l'inverse pour le second Empire. Comment expliquer ce fait étrange?

Le maintien d'une égale proportion des récidives de 1835 à 1850, pendant que le nombre des crimes et des délits allait progressant, montre que cette progression était due à une cause générale qui agissait sur l'ensemble des citoyens et ne se compliquait d'aucune cause spéciale propre aux malfaiteurs de profession. Cette cause générale, ne serait-ce point par hasard le travail sourd de transformation sociale, de fermentation révolutionnaire, qui après 1830 n'a cessé de nous remuer? Remarquons, entre autres indices, que, de 1789 à 1831, malgré tant de bouleversements, le rapport numérique de la population urbaine à la population rurale est resté le même (Voy. M. Block, *Statistique de la France*, t. I, p. 58): mais, à partir de 1831, la proportion se modifie au profit des villes, ce qui signifie que la terre se subordonne au capital, l'imitation-coutume à l'imitation-mode, la petite à la grande industrie, transformation civilisatrice qui vient momentanément en aide à la révolution. Quelle qu'elle soit d'ailleurs, la cause générale dont il s'agit a été repoussée sous l'Empire, de 1855 à 1866, par une cause générale opposée. Mais en même temps une cause spéciale qui, depuis 1848 ou 1850, stimulait les criminels d'habitude, n'a cessé d'agir avec une force toujours plus grande et croissant plus vite que la criminalité ne diminuait. Quelle peut être cette cause, si ce n'est le socialisme d'État inauguré par les ateliers nationaux, puis par les grands travaux publics, par les confus rassemblements d'ouvriers dans les centres populeux, dus à l'initiative d'un gouvernement inconséquent, contre-révolutionnaire à la fois par en haut et fauteur de révolution par en bas? La carte des récidives, qui se noircit du Sud au Nord, suivant le degré de densité de la population, confirme à ce point de vue la courbe des récidives, qui s'élève depuis l'époque où les agglomérations industrielles se sont multipliées.

Je ne donne au surplus mon interprétation que pour ce qu'elle est, une vue de l'esprit plus ou moins plausible; mais le contraste signalé est certain et certainement significatif. En résumé, sur ce point, un gouvernement fort et surtout assis, voilà ce qu'il nous faut, bien plus que des peines fortes, pour « faire peur aux voleurs. » En France notamment, le gendarme par excellence, c'est le gouvernement. On dirait que tous les malfaiteurs ont l'œil sur lui comme les écoliers sur le surveillant, épiant son discrédit, ses distractions ou ses somnolences. Sans le prestige de ce gendarme, la gendarmerie ne peut rien. Aussi n'est-ce pas elle qu'il faut accuser.

V

Ni elle, ni la police, ni la magistrature. Cette étude serait incomplète si elle ne montrait à quel point ces trois grands corps sont innocents du mal mis au jour par la statistique criminelle. En ce qui concerne les deux premiers, la statistique atteste leur zèle croissant. En 1841-45, le nombre des procès-verbaux de gendarmerie était de 56,000 annuellement; en 1876-80, de 189,000. Voici une autre indication non moins significative, je crois. Quoique les malfaiteurs se groupent et se fréquentent de plus en plus, ils osent de moins en moins procéder par bandes, et, à l'inverse des armées en campagne, ils se rassemblent pour vivre, ils se dispersent pour agir. En effet, le nombre des crimes et des délits, toujours inférieur à celui de leurs auteurs, s'en rapproche pourtant chaque année davantage, d'où le rapport conclut que *l'esprit d'association* diminue chez les criminels et les délinquants. Ce serait étrange et en contradiction avec les progrès constatés de leur sociabilité spéciale. Ils ne demanderaient pas mieux que de pouvoir s'associer encore pour arrêter et piller les trains en marche comme les brigands espagnols ; mais le sentiment de leur impuissance les retient ou la certitude du châtiment.

Faudrait-il par hasard maintenant adresser des reproches à la magistrature ou au jury? Quant à la magistrature, son chef la couvre de fleurs, comme il convient d'ailleurs à une victime qu'on mène à l'autel[1]. Et, de fait, si les chiffres seuls ont parlé à propos pour elle, au moins sont-ils éloquents. Le bilan judiciaire du dernier demi-siècle n'est que le tableau de ses incessants progrès, aussi bien que de ceux de la criminalité, à peu près comme on voit se perfectionner la médecine en temps d'épidémie. Pendant que le nombre des plaintes, dénonciations et procès-verbaux adressés au parquet a plus que triplé en cinquante ans, et que par suite le travail des magistrats a augmenté d'autant, la célérité des poursuites, de l'instruction et des décisions judiciaires a cependant presque doublé. La proportion, sur cent affaires correctionnelles, de celles qui ont été jugées dans le premier mois à partir du délit, a passé graduellement de trente-deux à soixante-dix-huit; et, si la loi de 1863 sur les flagrants délits a contribué à ce résultat, qui « peut se passer de commentaires, » elle n'a pu

[1] Exception cependant pour les justices de paix. « L'institution du préliminaire de conciliation, dit le rapport, est loin d'avoir produit les heureux effets qu'en attendait le législateur. » Le nombre proportionnel des conciliations va toujours en décroissant. En revanche, la nécessité de l'avertissement préalable a été salutaire.

influer en rien sur des résultats analogues relatifs aux affaires réglées par ordonnances des juges d'instruction, arrêts des chambres de mises en accusation, arrêts de cours d'appel jugeant en appel de tribunaux correctionnels. Aussi la prison préventive, dure nécessité, va-t-elle s'abrégeant. Cinquante-neuf fois sur cent, il y a cinquante ans, elle durait moins d'un mois, maintenant quatre-vingts fois sur cent, « et l'on doit présumer, dit le rapport, que la limite du possible a été atteinte. » Ce labeur des magistrats aurait-il par hasard perdu en valeur ce qu'il a acquis en vitesse? Nullement[1]. De moins en moins, les affaires portées devant les tribunaux et même devant le jury par le ministère public aboutissent à des acquittements. La proportion des acquittements par les tribunaux était de cent trente-neuf sur mille; elle est tombée à cinquante-huit. Devant le jury, elle était de 37 pour 100 en 1831; elle n'est plus que de dix-sept. Il est vrai, m'objectera-t-on peut-être, que les affaires correctionnelles poursuivies à la requête des particuliers (dites en parties civiles) réussissent, elles aussi, plus souvent qu'autrefois, c'est-à-dire se terminent plus souvent par des condamnations, amélioration analogue à la précédente, d'où il semble suivre que, si l'on félicite de l'une la magistrature, on devrait faire honneur de l'autre à la sagesse grandissante du public, malgré le ridicule de la chose. Mais, à vrai dire, n'est-ce pas la magistrature encore qu'il faut louer d'avoir su, par la fermeté de sa jurisprudence et l'expérience qu'on en a acquise, exercer une action préventive sur les

[1] « De 1831 à 1835, les deux cinquièmes des affaires (dénoncées au parquet) étaient communiquées à l'instruction, et il n'en était classé comme ne pouvant donner lieu à aucune poursuite que trois dixièmes ; la première proportion est descendue de 41 0/0 à 13 0/0, et la seconde est montée de 31 0/0 à 49 0/0. Ces résultats sont très favorables, l'un en ce qu'il montre le soin que met le ministère public à n'envoyer à l'instruction que les affaires réellement graves ou obscures, l'autre en ce qu'il atteste une grande circonspection dans l'exercice de l'action publique. »

poursuites passionnées émanées à la légère de l'initiative privée et devenues heureusement de moins en moins nombreuses? Telle est la cause de l'harmonie graduelle qui se fortifie entre le public et ses juges; car ils vont s'harmonisant sans cesse : « les décisions des juges du premier degré ont été acceptées par le ministère public *et les parties civiles* dans une mesure de plus en plus large; le nombre des appels interjetés a constamment décru. » Non seulement donc les divers rouages de la machine judiciaire s'ajustent de mieux en mieux les uns aux autres, jury et cour d'assises, parquet et cabinet d'instruction, cabinet d'instruction et chambre des mises en accusation[1], etc., mais encore ils s'adaptent de plus en plus aux besoins des justiciables et les justiciables pareillement à leurs traditions mieux connues. Et, entre parenthèses, cette double accommodation graduelle, ce double équilibre mobile qui s'établit à la longue par le fonctionnement régulier des vieilles machines sociales est une des plus fortes raisons de ne pas les remplacer inconsidérément par des institutions toutes neuves, qui auront à traverser pour leur compte cette longue période inévitable d'équilibration.

Je dois ajouter que la statistique de la justice civile dépose ici avec la même force dans le même sens. Depuis 1841, le nombre des affaires civiles qui sont expédiées dans les trois mois à partir de leur inscription au rôle s'est élevé de 35 à 57 pour 100. « Les règles de la procédure civile, qui donnaient lieu, il y a quarante ans, à vingt arrêts sur cent, n'en provoquent plus aujourd'hui que dix sur cent. » La proportion des *avant faire droit*, c'est-à-dire des frais inutiles ou moins utiles, va en diminuant. Ce qui est plus remarquable encore, tandis que la criminalité se déploie d'année en année, la *processivité* se maintient à très peu près stationnaire. Si l'on excepte les

[1] La proportion des ordonnances de non-lieu décroît sans cesse; celle des arrêts de non-lieu est tombée de 12 à 4 0/0.

demandes en séparation de corps, qui font classe à part, on voit avec surprise que le nombre annuel des procès par 10,000 habitants n'a jamais été au-dessous de trente et un ni au-dessus de trente-huit, et que ces deux limites extrêmes ont été rarement atteintes ou même approchées. Comment expliquer ce stationnement numérique? J'avais d'abord songé qu'il pouvait tenir simplement à ce que l'augmentation des conflits probables d'intérêts, due à l'accroissement de l'aisance publique, c'est-à-dire des intérêts, depuis quarante ou cinquante ans, aurait été exactement compensée par la diminution des tendances processives, réputée due au progrès de l'instruction[1]. Mais, outre l'invraisemblance d'une compensation si exacte, ce n'est pas seulement la richesse qui a triplé ou quadruplé pendant cette période demi-séculaire; c'est encore le morcellement de la propriété qui s'est rapidement continué, multipliant, avec le nombre des propriétaires, les occasions et les chances des procès de propriété, de servitude et d'usufruit; c'est aussi la facilité des communications qui s'est merveilleusement accrue, rapprochant sans cesse le justiciable du juge, ce qui équivaut à une augmentation du nombre des tribunaux, c'est-à-dire à un encouragement à plaider. Autre encouragement: la possibilité de plaider pour rien, l'assistance judiciaire au profit des indigents, enfin, l'extension de la vie humaine, fertile en complications et froissements d'intérêts, en achats, ventes, loyers, hypothèques, contrats de tous genres chaque jour plus nombreux. Et tant de causes d'excitation à la chicane sont restées sans effet! Qu'est-ce donc qui s'est dressé

[1] En effet, en regardant les cartes, on verra que les départements montagneux les plus ignorants et les plus pauvres, sont, avec les départements les plus riches, ceux où la moyenne de trente-trois ou trente-cinq procès par 10,000 habitants est le plus dépassée, jusqu'à atteindre 67. L'extrême misère et l'extrême ignorance, qui rendent chicaneur, se rencontrent ici avec l'extrême richesse agricole ou industrielle, qui rend cupide et multiplie les contacts et les heurts entre hommes.

pour lutter contre elles? Avant tout, le corps judiciaire, par les perfectionnements incessants qu'apporte à la stabilité de nos excellentes lois civiles la fixation de sa jurisprudence éclairée qui resserre dans les plus étroites limites le nombre des points de droit controversables. On voit ce que peut une bonne vieille institution à force de s'exercer sur une bonne vieille loi. Quand la loi n'est pas suffisante à elle seule et quand, en outre, elle n'est pas très bonne, quoique vieille (c'est le cas de notre code pénal), ce travail se fait en pure perte, comme le démontre la progression de la criminalité. Mais en matière civile, où une bonne loi suffit et où notre loi est bonne, la peine de la magistrature, ajoutons des avocats et des jurisconsultes, n'a pas été perdue. On dirait qu'ici encore « la limite du possible a été atteinte. » La constance frappante du chiffre annuel des procès semble l'indiquer. Cette uniformité me paraît être, en effet, le trait distinctif par lequel se traduit statistiquement l'action, dans les faits sociaux, d'une cause organique et vitale, par exemple l'influence de l'âge, du sexe, de la race[1], ou l'action d'une cause physique, telle que le climat et les saisons, ou enfin l'action d'une cause sociale si ancienne, si enracinée, notamment l'influence du mariage ou de certains sentiments religieux, qu'elle a en quelque sorte passé dans le sang et depuis longtemps atteint les limites de son champ propre de rayonnement imitatif[2]. Partant de là, on pourrait être porté à voir,

[1] On aurait pu tout aussi bien étudier l'influence du tempérament nerveux ou bilieux, ou du teint blond ou brun. La proportion des voleurs blonds ou des assassins bilieux, par exemple, doit certainement se maintenir la même indéfiniment.

[2] Ce principe, sur lequel je me fonde et que je regarde comme sans exception *réelle*, peut servir à distinguer si une nature d'actes a des causes vitales ou sociales. Par exemple, si les attentats à la pudeur *contre les enfants* tenaient seulement à une monomanie sénile, leur nombre resterait stationnaire ; mais il a grandi de 136 à 809. Donc ici agissent surtout des influences d'ordre social : surexcitation des appétits dépravés par la lecture (qui est un exemple indirect), par l'exemple direct, par la contagion de certaines morales immorales, etc. Observation analogue pour le suicide.

dans le caractère stationnaire du chiffre annuel des litiges civils, l'indice que toutes les tendances processives d'origine sociale plus ou moins récente et de nature compressible ont été comprimées, et que ce mal a été tranché jusqu'à sa racine vitale ou quasi-vitale, mais jusqu'à elle exclusivement, puisque rien au monde ne saurait empêcher de plaider un plaideur par tempérament ou par tradition. Notons dans le même sens que le nombre des affaires correctionnelles poursuivies à la requête des parties civiles est resté rigoureusement identique pendant les quarante-cinq années considérées. En rapprochant cette uniformité remarquable de la précédente, on sera certainement porté à les expliquer de la même manière.

Non seulement le nombre des affaires commerciales, malgré le développement du commerce, ne croît point, mais il diminue[1]. De prime abord, ce phénomène peut paraître éclipser le précédent ; mais en réalité il a moins lieu d'émerveiller[2]. Ici, en effet, intervient une cause restrictive des instincts de chicane, qui n'agit point dans la vie civile et qui seconde efficacement dans la classe des commerçants la compression salutaire des tribunaux. Les commerçants vivent d'une vie à eux, se connaissent, se fréquentent, s'empruntent réciproquement les recettes et

[1] Il a augmenté depuis 1880, surtout en 1882, par suite de la crise commerciale et de la diminution des affaires. Voilà encore un résultat peu propre à satisfaire M. Poletti. Cette marche de la processivité commerciale pourrait suggérer l'idée que, si elle a décru si longtemps, cela tenait précisément aux progrès extraordinaires du commerce ; et, poursuivant l'induction, on pourrait conjecturer que le stationnement de la processivité civile, qui consiste pour la plus grande part en conflits d'agriculteurs, s'explique par le faible progrès relatif de l'agriculture, insuffisant à compenser la multiplication des causes de conflits ?

[2] Rappelons qu'une partie faible, il est vrai, des tribunaux civils, juge commercialement, et que les appels des jugements prononcés par les tribunaux de commerce, consulaires ou autres, sont portés devant les cours. La jurisprudence des cours s'impose à la longue par *adaptation* forcée aux juges commerciaux du premier degré et le fait bénéficier de ses avantages propres.

les pratiques jugées les meilleures et mises à la mode, notamment la pratique de transiger et d'éviter le plus possible les démêlés judiciaires. Chez eux, par suite, outre cet entrecroisement de rayonnements imitatifs innombrables et diffus qui constitue la vie ordinaire, circule une action imitative directe d'un genre spécial qui a ses voies spéciales de transmission, plus rapides et plus aisées. Celle-ci est à l'autre ce que l'électricité dynamique est à la chaleur. Si, par exemple, il faut un siècle pour faire sentir aux plaideurs civils la folie de plaider, il suffira de quelques années pour pénétrer de cette vérité les plaideurs commerçants[1].

Ceci nous amène incidemment à donner la raison pour laquelle le jury, corps électif sans cesse renouvelé, composé de gens qui ne se connaissent pas, ou plutôt entité purement nominale qui comprend autant de jurys distincts étrangers les uns aux autres qu'il y a d'affaires criminelles, se montre à l'épreuve incapable de progrès, tandis que la magistrature vient de révéler sa perfectibilité continue. C'est que la magistrature est bien plus encore que nulle catégorie de commerçants ou d'industriels un corps véritable, formé de membres solidaires, où la circulation imitative des initiatives jugées heureuses est prompte et constante, où le trésor des habitudes nées de la sorte et enracinées par esprit de corps sous le nom de jurisprudence, s'enrichit sans cesse et se transmet fidèlement aux successeurs. Si la contagion de l'exemple, en effet, est un danger, elle est en même temps le seul espoir des sociétés[2]

[1] Le rapport signale le fait que « les jugements rendus par les tribunaux spéciaux de commerce sont plus souvent confirmés que ceux qui émanent des tribunaux civils jugeant commercialement ; » mais il a oublié de rappeler que les jugements émanés des tribunaux civils jugeant commercialement sont moins souvent frappés d'appel.

[2] Au point de vue des inconvénients, notons la *mode*, qui s'est introduite et rapidement propagée dans les tribunaux, d'envoyer les jeunes prévenus dans des maisons de correction. On usait peu

et, là où manque la *facilité des assimilations*, là il faut renoncer à tout progrès. Avec une magistrature élective, rien d'analogue à l'excellente mode, devenue habitude traditionnelle, de la correctionnalisation, n'aurait pu se propager. Et ce progrès est bien dû à l'imitation spontanée agissant de magistrat à magistrat, et non aux circulaires, car, dans le rapport sur la statistique de 1859, je lis au contraire que le garde des sceaux ne cesse de recommander à la magistrature d'*user de ce procédé avec une grande réserve*. Les remaniements continuels de la législation relativement à l'organisation et aux opérations du jury ont pu le rendre meilleur; la magistrature, en s'accommodant d'avance et de mieux en mieux à ses exigences, a pu faire que la proportion des verdicts négatifs ait diminué de moitié (car c'est elle seule, encore une fois, qu'il convient de féliciter d'un tel résultat, comme le fait le garde des sceaux); mais, par lui-même, il n'a en rien progressé! Prenez-le tel qu'il est avec ses qualités incontestables et ses défauts incorrigibles, avec ses idées qui varient seulement suivant les caprices de l'opinion régnante, de cette opinion dont le mépris est le respect même de l'expérience et de la raison; mais n'attendez de lui aucune réforme de ses manies, de ses préjugés, de ses imprévoyances. Pour-

d'abord de cette faculté ; vers 1826, le nombre de ces envois était de 98 par an ; il a fini par atteindre le chiffre annuel de 2,542. Le Trésor a dû s'en effrayer. — Autre exemple. D'un ressort à l'autre, la proportion des arrêts confirmatifs en matière civile est très différente. En résulte-t-il, comme le veut le rapport, « que le degré de certitude des jugements n'est pas le même partout, ou que l'esprit processif des habitants de certaines régions les conduit souvent à former des appels téméraires ? » La première cause est assez invraisemblable. Quant à la seconde, il est facile de voir, en regardant les tableaux et les cartes, si les populations des ressorts les *plus confirmatifs* sont en même temps les *plus processives*. Or, on constate souvent le contraire ; dans le ressort de Douai, notamment, l'un des moins processifs de France, on est aussi confirmatif ou à peu près que dans ceux de Chambéry et de Grenoble, des plus féconds en procès. La chose n'est explicable, à mon avis, qu'en tenant compte des habitudes traditionnelles propres à chaque cour.

quoi est-il plus sévère pour les vols (neuf, douze et vingt-quatre acquittements pour cent accusations) que pour les faux et les banqueroutes frauduleuses, ces vols sur une grande échelle (trente-sept et quarante-sept acquittements pour cent)? Pourquoi en Corse, quand l'épidémie des assassinats par vengeance redouble d'intensité, ne sent-il pas la nécessité d'y remédier par une sévérité plus grande? Cela est ainsi, et cela persistera; et si quelque bon jury çà et là se montre prévoyant, ferme et logique, son exemple, non suivi, sera peine perdue.

Chose étrange en apparence, moins les décisions de cette juridiction capricieuse ont d'influence les unes sur les autres, de similitude les unes avec les autres, plus elles s'accordent dans l'ensemble pour présenter certains caractères communs reproduits avec une régularité remarquable. Le jury se laisse influencer *toujours dans la même mesure* (la concordance des chiffres proportionnels est frappante) par le sexe, l'âge et le degré d'instruction des accusés, plus sévère pour les accusés à mesure qu'ils sont moins jeunes ou plus instruits, plus sévère pour les hommes que pour les femmes et pour les crimes contre les propriétés que pour les crimes contre les personnes. On voit qu'il est galant et propriétaire. Sans plaisanterie, cela signifie, non qu'il a une jurisprudence inconsciente, mais qu'en moyenne, comme la chose doit fatalement arriver pour des esprits de même ordre moyen, du même pays et du même temps, il a égard, suivant une mesure invariable, à des circonstances aggravantes ou atténuantes qui, dans l'ensemble des cas, ne changent pas. En effet, quand les hommes agissent isolément sans se copier, si l'on additionne les actions du même genre qu'ils accomplissent, on aboutit *toujours* à des chiffres qui ne varient pour ainsi dire pas d'une période à une autre. Pourquoi? parce que les forces, les mobiles auxquels ils obéissent alors, sont puisés dans le tempérament de leur race invariable, ou dans leur caractère national qui change avec une extrême lenteur.

ou dans les mœurs et les idées de leur siècle qui quoique moins lentes à muer peuvent être considérées comme immuables aussi dans le temps si court qu'embrassent en général nos statistiques[1].

Mais quand, aux mobiles dont il s'agit et qui jouent le rôle de *constantes*, s'ajoute la force variable de l'émulation, qui vient diriger en tel ou tel sens (au gré des inventeurs ou initiateurs imités par les émules) les instincts de races ou les passions nationales et séculaires, et en même temps les surexciter ou les assoupir, bouleverser enfin leurs

[1] Quand un condamné en police correctionnelle se demande s'il doit faire appel, il ne peut se régler sur l'exemple des autres condamnés dont il sait seulement que les uns appellent et les autres n'appellent pas. Il ignore aussi la statistique qui lui montrerait que les cours d'appel sont de plus en plus portées à confirmer les décisions des premiers juges. Il n'est poussé que par l'espérance d'un arrêt de réforme ; il n'est retenu que par la crainte d'un arrêt confirmatif, et l'un ou l'autre l'emporte davantage dans son cœur (les raisons d'espérer et de craindre restant les mêmes dans la moyenne des cas) suivant qu'il est par nature plus hardi ou plus timide, plus porté à la confiance ou au découragement par des causes physiologiques. Celles-ci ne changeant pas, le poids supplémentaire qu'elles ajoutent à la balance des motifs eux-mêmes, en somme permanents, doit toujours produire en moyenne un effet identique, une proportion des appels à peu près invariable. C'est ce que la statistique montre avec une régularité singulière. Sur cent condamnations, il y en a toujours environ quarante-six qui sont frappées d'appel *par les condamnés* depuis 1826. — Mais les appels interjetés *par le ministère public* vont en décroissant, de quarante-trois pour cent en 1831, à vingt-deux pour cent dans les dernières années. C'est que les magistrats du parquet prennent exemple les uns sur les autres. — Et les arrêts confirmatifs vont en croissant pour une raison analogue.

Autre exemple. — Pendant que la criminalité progresse, la part proportionnelle prise par les deux sexes et par les divers âges à l'accomplissement des crimes et des délits reste *invariablement la même*, sauf en ce qui concerne les mineurs de seize à vingt et un ans, pour lesquels le tableau de la page 68 accuse une progression alarmante. La précocité croissante révélée par cette dernière exception ne s'explique-t-elle pas par la surexcitative hâtive des intelligences et l'enfièvrement urbain ? C'est surtout la *nature* de l'enfance qui est modifiée jusqu'en son fond vital par des causes sociales. Il n'y a plus d'enfants, dit la langue courante. Elle ne dit pas qu'il n'y a plus de vieillards.

proportions relatives, faire avec les mêmes couleurs un autre tableau, on voit aussitôt des séries de chiffres qui montent ou s'abaissent avec une plus ou moins grande rapidité. Chaque commerçant, chaque industriel, s'il n'avait point l'exemple de son voisin pour le stimuler et le transformer, s'encroûterait comme autrefois dans une routine immuable. Mais l'imitation d'autrui le force à progresser. En sorte que le besoin d'assimilation est la source des changements sociaux, et que, là où l'on ne se copie plus, là on ne se renouvelle plus. On tournoie de plus en plus sur soi-même, à mesure qu'on avance de moins en moins, et l'imitation-habitude devient le gouffre des autres sortes d'imitation. C'est l'exemple d'autrui qui peut seul nous arracher à l'empire dangereux de notre propre exemple. Que de grands artistes se sont perdus par là et sont tombés ainsi du style dans la manière, de la manière dans le tic et le ridicule! Par la même raison, les relations extérieures largement déployées sont nécessaires à une nation pour l'empêcher de retomber dans l'ornière de son invariable tempérament et de piétiner sur place dans l'agitation politique. Le déploiement de son influence au dehors (ce qui ne veut pas toujours dire de sa politique coloniale) est la condition du progrès de son fonctionnement intérieur.

Il résulte de tout ceci que, si l'on veut avoir une magistrature élective, sans cohésion ni esprit de corps, et en cela pareille au jury, on ne doit lui demander aucun progrès spontané. Elle aura dès le début ses avantages propres, bien que son premier effet soit probablement une augmentation énorme des procès de tout genre dès le lendemain de son installation. Mais le moindre de ses mérites à coup sûr sera la perfectibilité.

La comparaison des trois statistiques que nous venons de parcourir, à savoir la statistique criminelle, la statistique civile et la statistique commerciale, pourrait se résumer ainsi: la première est une montée, la seconde un mouvement horizontal, la troisième une descente. Par la première s'exprime le pouvoir de l'imitation dans son action dangereuse; par la troisième, le même pouvoir dans son action salutaire; par la seconde, l'effet de son inaction. En effet, un malfaiteur, en commettant un délit, copie en partie d'autres malfaiteurs (et en partie aussi se détermine par les impulsions de son éducation, de sa classe ou de sa nationalité, imitation d'autre sorte, plus profonde encore et plus puissante); de même un commerçant, en se décidant à ne pas plaider, suit l'exemple de ses pairs; mais, en se décidant à plaider, au contraire, le plaideur civil n'écoute en général que sa nature (ou encore une fois les impulsions, imitatives en un autre sens, de son éducation de famille et de milieu social), sans songer beaucoup aux autres plaideurs. Voilà, entre autres explications, l'interprétation qu'on peut donner aux chiffres officiels.

Mais nous ne pouvons quitter ce sujet sans faire encore quelques remarques. — Quoique la distinction du civil et du criminel soit réputée au Palais un de ces abîmes que nul ne saurait franchir, il n'en est pas moins vrai qu'au fond, soit au civil soit au criminel, il s'agit toujours de violation des limites imposées par la loi à la liberté des citoyens, et qu'à l'origine les législations civile et criminelle sont confondues chez tous les peuples : citons la loi de Solon, celle des Douze-Tables, le code de Manou, la loi salique. A lire ces vieux recueils, où l'on est frappé de la prépondérance très marquée donnée au côté pénal, devenu si secondaire dans les codes civilisés, on pourrait croire que, dans ces antiques sociétés, la confusion des deux éléments s'opérait par la presque annihilation de l'élément civil. Mais, d'autre part, on dirait le contraire à voir leurs débats criminels sous forme de simples procès. La vérité est que, dès ces temps reculés, on a toujours eu, malgré tout, le sentiment très vif d'une différence entre un tort ou une offense à l'adresse d'une seule personne ou d'une seule famille, et un tort impliquant un danger pour toutes les personnes, pour toutes les familles d'un pays, ou une offense blessant les préjugés et le sens moral de tous. — Il ne se pouvait qu'à la longue cette différence n'allât se précisant, surtout à mesure que la population se condensait et que les familles, closes auparavant, s'ouvraient les unes aux autres. Mais ce serait une erreur de penser que, par suite de cette scission graduelle, les débats purement civils, c'est-à-dire à l'occasion de violations de droits purement individuels, n'ont plus rien à voir avec la moralité d'un pays. Observons que les procès, comme les délits, sont la transformation, sous forme atténuée, des guerres privées et des brigandages antiques, préhistoriques, antérieurs à tout ordre légal. Quant aux délits, cette évolution n'a pas besoin d'être démontrée. Elle n'est pas moins certaine en ce qui concerne les procès. Dès que, dans un pays livré jusque-là à l'anarchie, se dresse une justice respectée, armée d'un glaive tout-puissant, les guerres privées cessent et les procès commencent. « Quand une province barbare est annexée à l'empire britannique des Indes, dit Sumner Maine dans ses *Institutions primitives*, il se fait aussitôt à la porte des tribunaux immédiatement constitués un concours curieux et instructif de plaideurs... Ceux qui ne peuvent plus combattre s'adressent à la loi, les appels hâtifs à un juge succèdent aux promptes querelles, et les procès héréditaires remplacent les haines sanglantes des familles. » Ce dernier trait nous explique, par parenthèses, la longueur extraordinaire des litiges, surtout entre les personnes des classes élevées, pendant tout le moyen âge et jusqu'à Louis XIV. Les érudits, qui ont souvent été frappés de ce fait, l'ont expliqué le plus souvent, et bien à tort, par la négligence des juges ; c'est l'opiniâtreté vindicative des parties, c'est la durée séculaire des haines de famille, qui est la vraie explication de ce phénomène. Si la durée des procès s'est abrégée, c'est, en partie, sans doute, grâce aux progrès de l'organisation judiciaire, ajoutons grâce au relâchement des liens de famille et à la rupture du faisceau familial primitif, mais c'est aussi parce que les litiges prennent de plus en plus leur source dans le simple conflit des intérêts, provoqué le plus souvent par la mauvaise foi de l'un des plaideurs, et de moins en moins dans le choc des passions, provoqué par la haine ou la colère d'un agresseur. On peut en voir la preuve dans l'importance relative qu'ont acquise et ne cessent d'acquérir, en dépit de leur baisse numérique momentanée, les litiges commerciaux, espèce singulière de procès civils dans le sens large du mot. Or, l'intérêt est certainement l'âme toute pure des plaideurs commerciaux; et voilà d'où dérive peut-être, entre plusieurs autres causes, la célérité remarquable de leurs débats. — Nous tenons là les deux extrémités d'une série : au début, les guerres privées, dont le simulacre s'est conservé dans les combats judiciaires; à la fin, les contestations devant les tribunaux de commerce; au milieu, les procès civils.

Pour bénir les procès, il n'y a donc qu'à se dire à l'audience : Tous ces gens-là se battraient s'ils ne plaidaient pas. S'ils se battaient, ils déploieraient beaucoup de férocité; en plaidant, ils ne déploient que beaucoup de mauvaise foi : il y a progrès. — Est-ce à dire qu'il ne faille pas regarder comme un bien l'arrêt ou la diminution des procès? Non, car, on le voit, un procès est presque toujours la suite ou le symptôme d'une malhonnêteté, quand ce n'est pas d'un délit plus ou moins déguisé ou côtoyé. En y regardant de très près, on verrait donc que la statistique des tribunaux civils serait elle-même propre à jeter des lueurs sur l'état moral d'une nation. Mais alors comment peut-il se faire, encore une fois, qu'en France, depuis cinquante ans, le nombre des délits ait triplé pendant que celui des procès civils restait stationnaire? Comment interpréter ce contraste? D'abord, disons qu'il n'est pas complet : par exemple, le nombre des procès en séparation de corps et en divorce croît parallèlement au chiffre des adultères. Pourquoi cependant le chiffre des procès de servitude et de propriété n'augmente-t-il pas en même temps que celui des vols et des abus de confiance? J'en ai déjà donné une raison, mais j'y reviens. La seule différence bien nette qui semble exister en apparence entre les poursuites criminelles et les procès, ce n'est pas que dans les premières le *demandeur* est le représentant de la société, tandis que, dans les seconds, demandeur et défendeur sont également de simples particuliers; car cette différence importante n'a pas toujours existé ni n'existe en tout pays; mais c'est, semble-t-il, que les premières seules se terminent par la condamnation à une peine. Toutefois, est-ce que les droits dont la violation motive les litiges civils sont dépourvus de sanction? Non, la peine véritable de ces violations-là, c'est la perte du procès et le *paiement des frais*. Châtiment cruel et de plus en plus redouté! Pendant que la pénalité criminelle va s'adoucissant, que les prisons deviennent confortables, que les tribunaux correctionnels et les jurys s'humanisent, ce sont les tribunaux civils qui se font de plus en plus rigoureux, c'est la pénalité civile qui fait peur aux gens, pour deux raisons : d'une part, la surélévation accélérée des honoraires d'avocats et des droits d'enregistrement qui finissent par rendre ruineuse la condamnation aux frais, et principale, non accessoire, la question de savoir qui les paiera; d'autre part, comme je l'ai déjà dit, la certitude chaque jour plus grande, pour le coupable, pour le plaideur téméraire, d'être puni de la sorte, la jurisprudence se fixant de mieux en mieux. Je veux retirer de cette observation un enseignement : à savoir que la pénalité, malgré ce que peuvent dire certains criminalistes, est un excellent frein, digne de toute notre attention. Là où il se resserre, en effet, on constate un arrêt ou une diminution des violations de la loi; là où il se relâche, un accroissement de ces violations.

VI

Bornons-nous à la statistique criminelle, et concluons encore une fois que le mal croissant, indice d'ailleurs d'une amélioration cachée, exposé par elle à nos regards, n'est imputable ni à la police, ni à la justice, ni à la civilisation, ni même à la loi pénale, mais peut-être bien au refoulement des instincts charitables et au soulèvement des passions révolutionnaires. Cependant méconnaîtrons-nous l'action favorable ou non, sur la criminalité, de causes telles que l'instruction, le travail, la richesse et le déclin des croyances religieuses? Indiquons brièvement notre réponse à ces questions.

Relativement à la dernière, il n'est pas douteux que la peur de l'enfer, pour l'appeler par son nom, a eu beau s'affaiblir et aura beau même s'évanouir tout à fait, au moins chez les adultes, ainsi que le désir du ciel et l'amour de Dieu, les règles et les habitudes morales de nos pères et aussi de notre enfance, que ces sentiments ont contribué à former, n'en subsistent et n'en subsisteront pas moins, mais chaque jour plus ébranlées, plus incapables de résister à l'assaut des convoitises. Il ne faut pas se le dissimuler, le diable a contribué peut-être autant que le bourreau à *former le cœur* des Européens passés et présents, même de ceux que la peine de mort et les superstitions révoltent le plus. Chrétienne ou non, la France restera longtemps encore christianisée, de même que, bonapartiste ou non, depuis l'âge organique du Consulat, elle est bon gré mal gré bonapartisée, et même jusqu'à la moelle des os. Cependant cette survivance de la morale religieuse aux dogmes, comme celle des institutions à leurs principes, n'a qu'un temps; et où les générations nouvelles iront-elles puiser leur moralité à mesure que la source ancienne tarira? En d'autres termes, pour lutter contre les penchants destructeurs, quels sentiments féconds, différents des précédents, fortifiera-t-on en elles? Car ce sont des sentiments, et encore mieux des principes, c'est-à-dire des résidus de convictions stables, inconscientes, définitives, et non des idées, c'est-à-dire des convictions en train de se faire, en train de descendre de l'esprit au cœur, et du cœur au caractère, qu'il s'agit de susciter ici.

Qu'on ne s'étonne donc pas de ne découvrir dans la statistique criminelle la trace d'aucune influence bienfaisante exercée par le progrès de l'instruction primaire sur la criminalité. On voit bien clairement l'action de l'instruction sur la folie et le suicide, qui augmentent parallèlement avec ses progrès; on n'aperçoit nullement son action soi-disant restrictive sur la criminalité. Le rapport officiel en fait foi et le déplore. Un tableau montre que les départements où la population des illettrés est la plus forte sont bien loin d'être toujours ceux où les accusés sont les plus nombreux, eu égard au chiffre de leur population[1]. D'autre part, les campagnes, qui sont moins instruites, donnent huit accusés par an sur cent mille habitants, et les villes seize. C'est juste le double. S'ensuit-il néanmoins que le degré d'instruction d'un peuple soit chose différente au point de vue criminel? Non. D'abord il influe évidemment sur la qualité, sinon sur la quantité des méfaits. Et il en est de même du degré de la richesse. Un peu plus de lumières, un peu plus d'aisance, développe certains appétits, en comprime d'autres, bouleverse enfin la hiérarchie intérieure de nos désirs, source de nos crimes et de nos délits. Dans les départements pauvres, les crimes contre

[1] Mêmes remarques dans les autres pays. En Espagne, par exemple où la proportion des illettrés dans le chiffre de la population totale du pays est des *deux tiers*, ils ne participent que *pour moitié* à peu près à la criminalité. En 1883, parmi les condamnés pour assassinat, soixante-quatre savaient lire et écrire, soixante-sept non. Il y a un condamné pour vol sur 6,453 habitants lettrés, et sur 8,283 illettrés. (V. Jimeno Agius, *la Criminalitad en España*. Revista de España, 1885.)

les personnes égalent en nombre les crimes contre les propriétés. Dans les départements riches, la proportion de ces derniers l'emporte beaucoup. Si la statistique comparée des vols détaillait cet article d'après la nature des objets volés, — mention *sociologiquement* bien plus utile que les indications relatives à l'âge des voleurs, — on verrait sans doute que depuis quarante ou cinquante ans, depuis que la France s'enrichit, le nombre proportionnel des vols de récoltes a diminué, tandis que celui des vols de bijoux, des vols d'argent ou autres a augmenté et augmente encore. De même, la proportion des délits contre les mœurs, des rébellions, des escroqueries, etc., s'est fort accrue, effet probable de l'émancipation et de l'affinement des esprits.

Mais, tant qu'il s'agit de l'instruction simplement primaire, il faut reconnaître que la quantité des crimes et des délits pris en bloc n'est pas le moins du monde atteinte par sa diffusion. Au contraire, l'action bonifiante de l'instruction secondaire et surtout supérieure n'est pas douteuse. La preuve en est dans la très faible contribution des professions libérales, des classes lettrées, au contingent criminel de la nation : résultat, remarquons-le, qui n'est pas dû à la richesse relative de ces classes, car la moins riche, celle des agriculteurs, partage avec elle ce privilège pour quelque autre cause à rechercher (probablement parce qu'elle est la plus laborieuse), et la classe des commerçants, la plus riche peut-être de toutes, présente le phénomène inverse. Ce n'est pas non plus la foi religieuse qui agit plus fort sur les classes plus instruites. Elle agit sur elles beaucoup moins. Ce n'est pas enfin qu'elles aient une énergie plus grande au travail; à cet égard, la classe des commerçants et des industriels l'emporte sur elle, autant que la classe agricole sur celle-ci. C'est donc, je crois, à leur instruction poussée à un certain degré ou plutôt à leur éducation d'une certaine nature qu'il faut attribuer leur moralité relative.

Il est remarquable que l'influence moralisatrice du savoir commence au moment où il cesse d'être un outil seulement et devient un objet d'art. Si l'instruction donc venait à n'être que professionnelle, si elle cessait d'être esthétique, sinon classique, elle perdrait sans nul doute sa vertu d'ennoblissement. Pourquoi? Parce que le bien ne saurait être conçu que comme *l'utile social* ou le *beau intérieur*, et que, de ces deux seuls fondements de la morale (tout commandement divin étant écarté), le premier, le fondement utilitaire, implique nécessairement le second; car, dans les conflits si fréquents de l'intérêt général et de l'intérêt particulier, sur quoi s'appuiera l'individu pour sacrifier celui-ci à celui-là, pour aimer celui-là plus que celui-ci? Uniquement sur l'amour du beau, dès longtemps cultivé en lui par une éducation appropriée, et sur la persuasion qu'il s'embellit intérieurement par ce sacrifice, loué ou non, connu de tous ou seulement de lui-même. Ce motif suffirait pour recommander à l'avenir les études littéraires, l'art et aussi bien les spéculations philosophiques, toutes choses qui, en intéressant l'homme à son objet pour cet objet, le désintéressent de lui-même et lui révèlent au fond de ce désintéressement son suprême intérêt, au fond de l'inutile le beau. Quand il a appris à connaître certaines impressions délicates, il y prend goût, et ce désir de les retrouver lui fait repousser les satisfactions basses qui lui en fermeraient le chemin. Car, si la haute culture moralise, c'est que la moralité est la première condition sous-entendue de la haute culture, comme la première condition de la flore alpestre est un air pur. Je sais qu'ils sont rares, ceux qui font le bien par amour de l'art, les esthéticiens de la morale, les nouveaux mystiques, et le nombre est grand de ceux qui le font aujourd'hui par crainte du gendarme ou du déshonneur, comme autrefois par peur du diable ou de l'excommunication. Mais, pendant qu'à l'usage de ces derniers on perfectionnera le Code pénal, ne faudrait-il pas tendre à augmenter la minorité des premiers en répandant sur tous et surtout en élevant chez l'élite humaine, d'où découle l'exemple, le culte des belles inutilités indispensables? Après tout, sont-ils si clair-semés les hommes qui, par sentiment de leur dignité personnelle, sorte de goût esthétique réfléchi et nommé conscience, sont courageux, francs, dévoués, malgré l'avantage évident qu'ils trouveraient le plus souvent à être lâches, égoïstes et menteurs? Autant vaut le modèle autant valent les copies. Heureusement pour nous nos modèles invisibles, les demi-dieux révérés dans notre éducation du collège, grands théoriciens, grands artistes, inventeurs de génie, étaient la fleur de l'honnêteté humaine, et la logique le voulait ainsi; car c'eût été pour eux une contradiction dans les termes que d'avoir soif de la vérité pure, par exemple, et de chercher à tromper autrui, tandis qu'il n'est point contradictoire le moins du monde d'apprendre la chimie pour empoisonner quelqu'un, ou d'étudier le droit pour usurper le bien de son voisin, d'où il suit que l'honnêteté des chimistes, des juristes, des médecins, des savants, ne saurait tenir à leurs études proprement scientifiques dans le sens professionnel et utilitaire du mot. Mais les grands hommes dont je parle ont été moraux par nécessité intellectuelle d'abnégation et de franchise, et, bien que cette nécessité ne se fasse pas sentir à la moyenne des gens instruits, ils lui donnent le ton, ils s'impriment plus ou moins en tout nouvel écolier et, propagés de la sorte en exemplaires innombrables, frappent à leur sceau les natures les plus vulgaires, telles qu'une belle empreinte usée et brillante sur de gros sous [1].

On s'est tant moqué de nos études classiques! Il est

[1] On a pu, avec quelque apparence de raison, reprocher aux considérations ci-dessus de donner à la morale un appui un peu grêle; et ce n'est pas ici le lieu de les justifier en les complétant. Mais j'ai vu avec plaisir d'éminents moralistes, tels que M. Fouillée, dans son ouvrage sur *la Propriété sociale* (et d'abord dans *la Revue des Deux-Mondes*) les citer avec faveur.

pourtant remarquable que, là où elles sont cultivées, les vertus sociales fleurissent mieux, et que, malgré les tentations plus nombreuses, les passions plus vives, les besoins plus variés, l'émancipation plus complète de la pensée, malgré enfin les ressources plus grandes pour le crime et les facilités relatives de se soustraire à l'action des lois, nonobstant tout cela, la criminalité est là à son *minimum*. Ce n'est peut-être pas sans une raison profonde qu'au moment précisément où le catholicisme a reçu son premier grand ébranlement, au seizième siècle, *l'humanisme* a pris naissance, comme par une sorte de contrepoids. Et je ne m'étonne pas non plus de voir au dix-huitième siècle, au second grand assaut du dogme, chez les encyclopédistes ou autres, le respect singulier des traditions littéraires et des types consacrés de l'art, l'admiration presque superstitieuse de Virgile et de Racine s'accroître au fur et à mesure des progrès de leur irréligion, irrévérencieuse pour tout le reste. A l'inverse, on a remarqué que les romanciers de l'Empire et de 1830, en luttant contre les traditions littéraires et le culte de l'art classique, avaient pris point d'appui sur le sentiment chrétien ranimé ou galvanisé, conservateurs ici autant que novateurs là. Tous ces contrastes ont paru étranges à ceux qui ont négligé d'y apercevoir l'instinctive compensation d'une source de foi et de moralité par une autre. — Il est d'apparentes inutilités qui sont des fonctions supérieures. On s'en aperçoit quand elles sont tranchées. A quoi servaient, disait-on, les belles forêts inexploitées des monts? On les a abattues pour cultiver le sol incliné qu'elles retenaient; et depuis lors, les débordements des fleuves ont exercé des ravages inconnus du passé. Car il suffisait d'un peu de verdure sombre à leur source pour modérer leur premier élan. — Il en est peut-être de même de ces autres superfluités qu'on nomme *les lettres*, les arts, et de celles qui en tiennent lieu pour la foule, les fêtes traditionnelles, populaires, domestiques ou religieuses, les loisirs, les souvenirs coutumiers, comme des hautes forêts de sapins. Un peuple qui, dans une pensée utilitaire, sacrifie ces joies pures, les regrettera; et quand, dans les cœurs déchaînés, rien ne retiendra plus sur leur pente l'ambition, l'amour, l'envie, la haine, la cupidité, il ne devra pas s'étonner de voir chaque année monter le flot de sa criminalité débordante.

Ma conclusion est que le péril serait grand, après avoir supprimé de l'école primaire l'enseignement religieux, d'affaiblir dans les colléges le côté esthétique de l'éducation qu'il convient plutôt d'y fortifier [1]. Le moment serait d'autant plus mal choisi que, pour la première fois, le pouvoir politique, d'où finit toujours à la longue par dériver la force prosélytique, le prestige exemplaire, le vrai pouvoir social en un mot, est enlevé aux professions libérales, où la criminalité est de 9 accusés par an pour 100,000 personnes de ces catégories, et conféré, non pas aux classes agricoles, où elle est de 8 pour le même nombre d'agriculteurs, mais en réalité aux populations industrielles et commerçantes des villes, où elle est de 14 et 18 pour un égal chiffre d'industriels et de commerçants [2]. Car il n'est pas très exact de dire que notre pays se démocratise. Se démocratiser, pour une nation où le peuple est aux trois quarts paysan, ce serait, — pardon du mot! — *s'empaysanniser*, ou, pour exprimer la chose avec convenance, étendre et affermir les mœurs, les préoccupations, les idées agricoles et rurales. Mais le contraire a lieu par

[1] C'est à ce point de vue qu'il faut se placer pour juger un livre qui a fait grand bruit dans ces derniers temps, *la Question du latin*, par M. Frary.

[2] Ajoutons que, chez les agriculteurs, la proportion des deux sexes en fait de criminalité est égale, tandis que chez les commerçants et les industriels, celle des hommes l'emporte beaucoup sur celle des femmes : d'où il suit que le sexe mâle étant seul électeur, éligible et souverain, la criminalité relative des nouvelles classes dirigeantes est encore plus inquiétante peut-être politiquement qu'elle n'en a l'air en vertu des chiffres précédents.

l'émigration effrayante des campagnes vers les villes[1], et encore plus par l'importation des mœurs urbaines, des idées urbaines, dans le fond des campagnes. La France se commercialise, s'industrialise, si l'on veut; elle ne se démocratise pas. La chose a son bon, son excellent côté, j'y applaudis à beaucoup d'égards; mais j'avais à montrer ici le revers de la médaille.

Si, comme j'ai cru le montrer plus haut, la source de la criminalité professionnelle ne peut être tarie en premier lieu que par une expansion plus grande de bienfaisance et la création de nombreuses sociétés de patronage, il importe que les nouvelles classes dirigeantes, autant et plus que les anciennes, aient appris à pratiquer le culte du bien, du beau pour le beau. Et si, en second lieu, le remède au mal de la criminalité générale se trouve en partie dans la stabilité du pouvoir politique, il faut ne pas oublier que, sans une forte dose de dévouement chez les gouvernants et de confiance chez les gouvernés, il n'est pas de gouvernement longtemps possible. La rencontre de ces deux conditions est rare; tantôt un peuple naïf se confie aveuglement à un despote, à un égoïste de talent ou de génie; tantôt un homme d'État dévoué aux intérêts du pays se heurte à une défiance générale qui le paralyse; mais il y a cette différence à noter que, souvent à la longue, le dévouement des chefs rend la foule confiante, tandis qu'on n'a jamais vu la confiance de la foule faire naître l'abnégation dans le cœur de ses maîtres. C'est donc avant tout le désintéressement, la générosité, l'amour intelligent du bien public, qu'il s'agit de rencontrer chez les hommes appelés à gouverner, puisque le reste peut venir par surcroît. Il en résulte que nos deux conclusions précédentes s'accordent également à proclamer la nécessité du sacrifice, l'insuffisance du mobile de l'intérêt personnel, et l'opportunité d'élever par suite l'éducation esthétique le plus haut pos-

[1] Rien que dans la période de 1851 à 1876, la proportion de la population urbaine s'est élevée de 25 à 32 pour cent.

sible autant que de répandre l'instruction professionnelle le plus loin possible[1].

[1] Entre autres recueils étrangers et autorisés qui ont parlé du chapitre précédent, après son apparition comme article de *la Revue philosophique*, dans des termes trop élogieux pour être traduits par moi, je citerai notamment l'*Archivio di psichiatria* (vol. IV, fascic. II), et *The Journal of mental science* (avril 1885), p. 128 et suivantes. Ce dernier compte rendu débute ainsi : « It is an analysis (il s'agit de la même étude), by one who har deeply studied the moral and social conditions of modern society, » etc., et se termine ainsi : « But we must advise our readers to consult M. Tarde for themselves; the trouble will be well repaid. »

CHAPITRE III

PROBLÈMES DE PÉNALITÉ

Dans l'un de nos précédents chapitres [1], nous avons montré que nous étions loin de méconnaître *les facteurs anthropologiques* du délit, comme dit Ferri. Il n'est pas un phénomène social, nous le savons, qui ne soit produit par des *forces* naturelles ; mais il n'en est pas un non plus qui n'ait ses *raisons* sociales. Et comme à nos yeux le criminaliste n'est pas avant tout un naturaliste, mais bien un moraliste éclairé, c'est-à-dire un sociologiste, sa tâche principale nous paraît être de démêler, je ne dis pas les *facteurs sociaux* (car tous les *facteurs* sont individuels et physiologiques) mais les raisons sociales du délit afin d'agir sur elles. Nous allons, dans le présent chapitre et le suivant, nous poser un peu au hasard quelques problèmes que soulèvent les données de la statistique criminelle ou de la nouvelle psychologie. Le seul lien de ces considérations sera l'esprit éminemment sociologique qui les inspira, et qui se révèlera de mieux en mieux. — La question de savoir la part qu'il faut faire aux impulsions physiologiques et celle qu'il faut réserver aux influences sociales dans la criminalité n'est pas purement théorique. Elle présente l'intérêt le plus pratique. Par exemple, si, à l'égard de certains criminels, il y a lieu de croire que les impulsions de la vie physique ont été déterminantes, le

[1] Dans deux articles de *la Revue philosophique* (août et septembre 1880), je me suis efforcé de montrer que la croyance, comme le désir, est une quantité psychologique susceptible de degrés et même de mesure, et que ce caractère trop peu remarqué est d'une importance capitale en science sociale.

châtiment, appelé ici médication, pourra impunément être tout à fait nouveau, sans nul respect pour les usages judiciaires et pour les coutumes du public. Pourquoi ? parce que le conservateur le plus enraciné à la tradition comprend fort bien la nécessité d'innover brusquement en médecine, toutes les fois qu'une découverte nouvelle a suggéré un traitement préférable à l'ancien, même plusieurs fois séculaire. C'est qu'ici l'équivalent de la coutume à respecter, c'est *l'habitude* physiologique, le tempérament, auquel, en effet, il convient d'avoir toujours égard en traitant son malade. Or, tout pareillement, quand il s'agit de répondre à un délit né de causes principalement sociales par un traitement approprié, c'est-à-dire par un véritable châtiment, on ne comprendrait pas une innovation brusque, une perturbation subite des habitudes sociales et du tempérament national en matière de pénalité.

I

DEGRÉ REQUIS DE CONVICTION JUDICIAIRE

Commençons par une petite question que je m'étonne de n'avoir vu traiter nulle part, pas même par les criminalistes italiens. Ceux-ci, suivant qu'ils appartiennent à l'école classique ou à la nouvelle école, se préoccupent de trouver la meilleure classification possible des délits ou des délinquants, et une peine, soit proportionnée à la gravité du délit (c'est la chimère des premiers), soit adaptée à la guérison ou à l'élimination des délinquants (c'est le but éminemment pratique des seconds). Mais, avant tout, la grande difficulté pour le juge est de savoir si l'auteur présumé d'un délit est vraiment délinquant. Sur ce grand sujet de la preuve judiciaire, que Bentham a médiocrement creusé, il y aurait à faire un essai de logique spéciale. Je ne l'entreprends pas; je me borne à demander quel est, à un moment donné, le degré de foi en la culpabilité de l'inculpé qui permet au juge de le condamner. — La question va étonner sans doute, peut-être indigner les derniers arrière-petits neveux de Beccaria, qui a mis en circulation le fameux axiome : Le plus léger doute doit profiter à l'accusé, la preuve de l'incrimination doit être complète. Principe purement verbal, du reste, qu'on se garde bien, en général, de mettre en pratique, conformément à cet esprit de mensonge qui pénètre le monde social jusqu'à la moelle, comme nous le verrons plus loin. On le tient en réserve au fond du cerveau pour certaines occasions où, afin de se dissimuler à soi-même sa partialité en faveur d'un ami ou d'un coreligionnaire, on exhume ce vieil adage. « Le juge qui acquitte un accusé, dit Cournot[1], n'entend point d'ordinaire affirmer que l'accusé n'est pas coupable, mais seulement qu'à ses yeux les indices de culpabilité ne sont pas suffisants pour déterminer une condamnation ; *réciproquement*, le juge qui condamne n'entend point affirmer avec une absolue certitude la culpabilité de l'accusé, mais seulement l'existence de tels indices, d'une présomption si forte de culpabilité qu'on ne saurait sans paralyser l'action de la justice et compromettre la sûreté publique, acquitter les accusés contre lesquels pèsent de tels indices et d'aussi fortes présomptions... De même le chirurgien qui opine pour l'amputation d'un membre n'affirme pas absolument l'impossibilité d'une autre cure ; il affirme seulement que, dans son opinion, les chances d'une issue funeste, si le membre n'est pas amputé, sont assez grandes pour déterminer le sacrifice du membre affecté. La même remarque s'applique à la plupart des jugements des hommes, et n'a rien de spécial aux

[1] *Mémoire sur les applications du calcul des chances à la statistique judiciaire :* opuscule d'ailleurs encombré d'équations et plus ingénieux, ce me semble, que solide, malgré la pénétration et la justesse habituelles de l'auteur. Mais, quoiqu'il date de 1833, il a le mérite de se fonder sur la statistique criminelle à peine naissante et de prophétiser son grand avenir.

jugements en matière criminelle. » De là la distinction des accusés non pas en coupables et en innocents, mais en condamnables et en non-condamnables.

En fait, d'un tribunal et d'un jury à l'autre, ce *point de condamnabilité* est très variable, si l'on en juge par la proportion moyenne des acquittements. « Le rapport, dit encore Cournot, du nombre des condamnés au nombre total des accusés, qui atteignait en Belgique la valeur 0,83 quand les crimes étaient jugés par des tribunaux permanents, s'est abaissé à 0,60 quand on a rétabli dans ce pays l'institution du jury français; et de là on conclut, suivant l'intéressante remarque de M. Poisson, que la proportion des accusés condamnables a décru brusquement par le rétablissement de l'institution du jury, quoique les formes de l'instruction préliminaire soient restées les mêmes et que par conséquent la proportion des accusés réellement coupables n'ait pas dû varier sensiblement. » Cela veut dire que le jury n'a pas jugé suffisantes des preuves qui auraient suffi à la magistrature ; mais, comme il est possible que son intelligence ne lui ait pas permis d'apprécier certaines probabilités à leur vraie valeur, il a pu, tout en acquittant davantage, n'être pas plus convaincu ou même l'être moins que les magistrats ne l'eussent été quand il a condamné. Mieux vaut donc comparer les divers jurys et les divers tribunaux entre eux. De 1832 à 1880, nous voyons la proportion des accusations entièrement rejetées par le jury français, descendre petit à petit de 33 à 17 pour cent. Comme il est inadmissible que ce résultat soit dû à un amoindrissement continu des exigences du jury en fait de preuves, il y a lieu de penser que les chambres de mises en accusation ont été se rapprochant chaque jour de ces exigences mieux connues, et ont inconsciemment élevé par degré le minimum de probabilité, de persuasion requis par elles-mêmes[1]. Si maintenant nous prenons la moyenne

[1] Je lis dans Garofalo (*Criminologia*) que la cour de cassation de

des acquittements du jury de 1832 à 1880, moyenne de 21 pour cent, nous constatons qu'elle est dépassée par le jury de plusieurs départements, notamment de la Dordogne, des Pyrénées-Orientales, des Hautes-Pyrénées, où elle est de 35 à 37 pour cent, tandis qu'elle est loin d'être atteinte dans le Maine-et-Loire, la Drôme, l'Ille-et-Vilaine, où elle est de 13 à 14 pour cent. Cela signifie, je pense, que les jurés d'Ille-et-Vilaine, par exemple, n'ont pas besoin d'être convaincus avec la même force que ceux de la Dordogne, pour se décider à rendre un verdict de condamnation.

Mais ce sont là de bien faibles inégalités, comparées à celles que d'autres rapprochements nous montrent dans le cours de la justice. Quelle distance entre les minimes présomptions dont se contente un tribunal en temps de révolution ou de trouble, pour envoyer un suspect à l'échafaud, et les preuves rigoureuses qu'il réclame à une époque de tranquillité parfaite pour envoyer un récidiviste même en prison ! Quel contraste entre les jugements d'un tribunal militaire qui, en temps de guerre, le lendemain d'un combat, fait fusiller sur de simples apparences un prétendu espion, et les décisions de ce même tribunal durant la paix ! — Rien de plus variable, en vérité, que le degré de foi d'où dépend la condamnabilité des gens; il varie de zéro à l'infini, du simple soupçon à l'évidence, du doute à la certitude. — Cela ne nous surprendra point si nous analysons avec soin cet état psychologique très spécial qui consiste pour le juge à *être fixé*. Un avocat expérimenté ne manque jamais de reconnaître le moment précis où, brusquement, capricieusement parfois, le magis-

Naples prononce annuellement 15 annulations pour cent pourvois, celle de Florence 9 pour cent, celle de Turin 7 pour cent, celle de Rome 6 pour cent. — Nous voyons aussi, par notre statistique, que la proportion des acquittements en matière correctionnelle va diminuant sans cesse, résultat dû sans doute à une influence, réciproque cette fois, du parquet sur la magistrature et de la magistrature sur le parquet, équilibration de croyances qui n'est pas sans rappeler l'équilibration hydrostatique des *vases communiquants*.

trat devant lequel il parle vient de franchir cette ligne; et à partir de ce moment, il sait qu'il est inutile de parler pour lui. Qu'est-ce donc que cette fixation, cette solidification mentale, subite et singulière, dont il s'agit? Il y entre autant de décision que de conviction. Je crois même qu'il y entre beaucoup de suggestion inconsciente de collègue à collègue; et c'est peut-être sur l'estrade des magistrats en robe, serrés les uns contre les autres, échangeant de temps en temps un sourire, un demi-mot, que M. Richet pourrait choisir ses meilleures exemples de cette « suggestion normale sans hypnotisme », si finement étudiée par lui. On ne sait pas avec quelle force l'opinion de certains juges, non toujours les plus instruits, mais en général les plus tenaces et les plus autoritaires, s'impose à leurs voisins; et cette considération serait propre à diminuer singulièrement l'avantage des tribunaux à plusieurs têtes, si, en revanche, le juge unique, soustrait à ce genre d'influence confraternelle et désintéressée, n'était exposé à tomber plus complétement sous l'action suggestive, bien plus sujette à caution, de tel ou tel avocat. Quoiqu'il en soit, d'ailleurs, au moment où le magistrat *se fixe*, que se passe-t-il? A force d'osciller d'une opinion à l'autre, son esprit se lasse; un acte de volonté intervient au milieu de ses oscillations, en voie de décroissance d'ailleurs, et y met fin tout à coup; mais cet acte n'est point senti, et, de la meilleure foi du monde, le juge se croit beaucoup plus éclairé qu'il n'était une seconde avant. Pourtant la stabilité de cet équilibre intime est obtenue par des degrés très variables de conviction. Une conviction faible soutenue par une décision ferme donne lieu à une fixité aussi grande qu'une conviction forte unie à une décision molle. Si donc la volonté d'être convaincu va grandissant pour une cause quelconque, à raison des circonstances où l'on se trouve, la conviction proprement dite peut décroître impunément. De là sans doute les inégalités numériques que nous venons de signaler.

Mais théoriquement, à quelle règle soumettre ces variations? — En ce qui concerne une question non sans analogie avec la nôtre, on a dit que la gravité des peines devait être en raison directe des risques de punition et en raison inverse des chances d'impunité, dans un état social donné. Cette espèce de théorème pénal demande à être complété, ce me semble, par celui-ci : Le minimum de probabilité qui rend condamnable doit varier, dans un temps et un pays donnés, en raison directe de la sécurité et de la tranquillité publiques, et en raison inverse du désordre[1]; par conséquent, toutes choses égales d'ailleurs (c'est-à-dire toutes autres causes d'alarme ou de confiance étant égales), en raison inverse du chiffre de la criminalité. Plus spécialement, pour chaque espèce donnée de délit, il doit s'abaisser là où elle est le plus répandue. Le jury, je dois l'avouer, prend justement le contre-pied de cette maxime : il acquitte surtout les crimes contre les personnes dans les départements et les provinces où l'on tue le plus, soit en France soit en Italie, et les crimes contre les propriétés là où les vols sont le plus fréquents[2].

[1] Bien entendu, dans une certaine mesure seulement. Il n'est jamais entré dans ma pensée de justifier la justice révolutionnaire, telle qu'on l'a vue fonctionner parmi nous à diverses époques.

[2] Notons qu'il dépend d'une *découverte* d'élever d'un degré la conviction judiciaire exigible, le *point de condamnabilité*, toutes choses égales d'ailleurs, c'est-à-dire les conditions sociales restant les mêmes. Par exemple, en matière d'empoisonnement, on était bien forcé, avant les progrès de la chimie, de condamner les gens sur de simples présomptions un peu fortes, sans quoi on eût laissé tous les crimes de ce genre impunis. Mais, depuis qu'au moyen de réactifs spéciaux on sait reconnaître la présence des substances toxiques, on a le droit d'exiger une conviction bien plus forte qu'autrefois. — En fait d'incendie (crime lâche, propre aux temps nouveaux), quand on condamne, on condamne sur de simples présomptions, faute de moyens d'investigations comparables aux précédents. Peut-être un jour l'incendie volontaire sera-t-il aussi facile à prouver que l'empoisonnement à présent. Pour le moment, il est aussi difficile à prouver que l'empoisonnement autrefois. — Ce sont aussi des inventions et des découvertes d'un certain genre qui ont rendu impossible le retour à certains modes superstitieux de procédure criminelle usités dans le passé et chez tous les

— En outre, il suit de ce qui précède que, plus l'insécurité et spécialement la criminalité augmentent dans un pays, plus il importe d'élever le niveau intellectuel des magistrats auxquels l'intérêt de la défense sociale est confié, puisque les mêmes charges contre un inculpé ne procureront pas à deux juges, l'un très intelligent, l'autre moins, le même degré de persuasion, mais bien, en général, au premier un degré supérieur et au second un degré moindre. Cette différence pourra permettre, en temps de trouble, si le juge très éclairé est, par hasard, choisi précisément alors, d'abaisser un peu moins qu'il ne l'eût fallu avec un choix inverse, le minimum de la probabilité requise, avec grand profit pour les libertés individuelles et sans plus de danger pour la société. Mais il n'y a guère à espérer qu'il en soit ainsi. C'est plutôt à mesure qu'une nation se tranquillise qu'elle sent mieux l'utilité d'une magistrature éclairée ; en sorte que, de deux manières à la fois, par la perspicacité croissante des juges, et par le moindre danger attaché à l'impunité et à l'acquittement des malfaiteurs devenus plus rares, le point de condamnabilité propre aux époques tranquilles tend à se confondre avec la culpabilité absolument démontrée. Ce n'est pas le moindre avantage de l'ordre et de la paix.

peuples, comme c'est l'absence de ces inventions et de ces découvertes qui a rendu jadis ces pratiques presque nécessaires. Le doute, surtout en fait de grands crimes, est un état si pénible que la nature humaine s'est toujours efforcée d'en sortir par tous les moyens possibles. Ce n'était pas au moyen âge seulement, c'était en Égypte, en Grèce et partout dans l'antiquité, qu'on s'en rapportait aux oracles ou aux jugements de Dieu pour savoir à quoi s'en tenir sur la culpabilité des inculpés, de même qu'aujourd'hui, et parfois non moins aveuglément, on s'en rapporte à des experts médico-légaux. Les ordalies étaient les expertises *divino-légales* du passé. Il fallait bien y avoir recours quand la chimie et les sciences naturelles n'étaient pas nées.

II

SUGGESTION ET RESPONSABILITÉ

Mais supposons que l'inculpé ait, sans nul doute possible, commis le fait incriminé. A quelles conditions en devra-t-il être jugé responsable? et pourquoi, s'il est responsable, devra-t-il être puni ? Questions majeures qu'il n'est plus permis de résoudre en faisant appel à l'hypothèse du libre arbitre ou à la théorie mystique de l'expiation[1], et que les expériences à l'ordre du jour sur la suggestion hypnotique permettent de préciser avec une force singulière.

Rattachons d'abord, non pas précisément comme le recommande Ferri, l'activité criminelle d'une nation à son activité économique, mais bien sa pénalité à son industrie. L'intérêt de la société est d'empêcher le retour, ou de se défendre contre le retour, des faits quelconques qui nuisent à ses membres, que ces faits aient des causes exclusivement physiques, ou en partie des causes sociales, à savoir, dans ce dernier cas, des volontés plus ou moins réfléchies et raisonnées. Dans le premier cas, s'il s'agit, par exemple, de se défendre contre le retour, (qu'on ne peut empêcher, mais dont on peut prévenir les effets nuisibles, ce qui revient au même) de la pluie, du froid atmosphérique, de la foudre, de la nuit, des tempêtes ; ou bien, s'il s'agit d'empêcher réellement le retour de la

[1] Je crois la liberté personnelle défendable métaphysiquement, en tant qu'*aséité* d'un élément éternel et *individuellement caractérisé* (comme tous les éléments, selon moi) qui aurait joué le principal rôle dans la formation de notre être depuis l'ovule natal et qui à ses produits les plus complexes imprimerait toujours son cachet propre; d'où la nécessité des variations individuelles. Mais cette hypothèse n'a rien à voir en morale et le libre arbitre ne saurait en aucune manière entrer comme donnée dans le problème de la responsabilité. Il me paraît désirable d'asseoir la morale, publique ou même privée, sur un fondement moins discutable.

famine ou de la disette, d'une épidémie ou d'une épizootie; comment procède la société? Elle oppose aux phénomènes qu'elle redoute des obstacles d'une nature semblable à la nature de la cause qu'elle leur attribue; des obstacles mystiques, tels que le son des cloches pour détourner des orages, si elle attribue au phénomène redouté une cause mystique, la volonté d'un Dieu; des obstacles matériels si elle a découvert à ce phénomène une cause matérielle. L'efficacité de la résistance opposée est proportionnelle à la vérité toujours relative, de la cause cherchée, et changeante d'âge en âge. Il arrive souvent même que, grâce à une connaissance plus approfondie des vraies conditions d'un fait nuisible, ce fait, classé jusque là dans la catégorie des fléaux inévitables et simplement maniables, passe dans celle des fléaux susceptibles d'être tués en germe. Les famines ont été périodiques et ont paru aussi impossibles à éviter que les éclipses ou les cyclônes jusqu'au jour où l'on s'est aperçu qu'elles tenaient au défaut de communications. L'invention de la locomotion à vapeur les a fait passer de la première classe à la seconde, de même que l'invention de la vaccine a permis de prévenir la petite vérole au lieu de se borner à la traiter. Il en serait de la plupart des fièvres et des maladies contagieuses, de toutes les épidémies et de toutes les épizooties, comme de la petite vérole si, d'après les perspectives inespérées, ouvertes par la méthode de Pasteur, la théorie parasitaire était destinée à triompher. La médecine devenue l'art des vaccinations, se confondrait alors avec l'hygiène, qui rendrait superflue toute la thérapeutique actuelle. — Il faut observer cependant que la cause des faits redoutables échappe souvent par son éloignement ou son énormité à la portée de nos moyens d'action; nous avons beau découvrir que la nuit est due à la rotation de la terre, les marées à l'attraction de la lune, les tempêtes à l'échauffement solaire des zones équatoriales (ou à toute autre cause), nous ne sommes pas plus en mesure qu'auparavant d'empêcher le retour de la nuit, des marées ou des tempêtes. N'importe, leur cause mieux connue ne nous est pas inutile ; elle nous révèle leur loi plus précise, et, par là, nous indique les meilleurs expédients à prendre, parmi les engins à notre disposition, pour combattre leurs effets désastreux. La loi des cyclônes étant donnée, nous pouvons prédire leur itinéraire, et, par le câble sous-atlantique, avertir à temps les intéressés. Nous remédions à la foudre par le paratonnerre, à la nuit par l'éclairage au gaz, etc.

Eh bien, quand il s'agit pour la société de se garantir, non contre des faits physiques où la volonté humaine n'entre pour rien, mais contre des faits volontaires, comment procède-t-elle ou doit-elle procéder ? Elle oppose, et je crois qu'elle a raison d'opposer, à ces faits moraux et sociaux des forces morales et sociales, telles que le déshonneur, la douleur des châtiments, la peur de la mort ou mieux encore peut-être la réforme de certaines institutions. Mais elle doit se demander si les faits de ce genre appartiennent à la catégorie des maux qu'on peut éviter ou de ceux qu'on peut simplement combattre. S'il était vrai, comme le veut Quételet, que le contingent du crime fût à peu près invariable et prédéterminé ; si, en un mot, le crime et le délit étaient chose aussi fatale que la foudre et la pluie, mais beaucoup plus régulière, il faudrait dire que la criminalité doit se borner presque à fabriquer de bons paratonnerres contre l'orage criminel, c'est-à-dire à perfectionner les serrures et les coffres-forts, les révolvers et les autres armes défensives. Mais il faut reconnaître que l'humanité ne s'est jamais placée à ce point de vue. Contre ce genre de calamités, avant même d'avoir recherché ses causes, elle a instinctivement déployé un grand luxe de ressources industrieuses, réputées non sans raison très efficaces en leur temps. Il est remarquable de voir tout ce que les législateurs primitifs, si peu inventifs d'ordinaire, ont inventé en matière de pénalité : croix, mutilation de l'organe coupable, lapidation, être livré aux bêtes, être scié par le milieu du corps, précipitation, noyade, écrasement sous les pieds des éléphants, etc. Il est vraisemblable que l'invention agricole et industrielle avait à peine commencé quand l'invention pénale était déjà tarie. La raison en est sans doute celle-ci : précisément parce que la loi a dû être l'une des premières créations sociales, un des premiers emplois, (après le langage) du génie humain créateur, la violation volontaire de la loi, c'est-à-dire le crime, a dû être aussi l'une des premières carrières où le génie humain destructeur s'est exercé. En fait de crime, l'invention a donc été épuisée dès les temps les plus reculés, comme nous le voyons par les énumérations si complètes que renferment les antiques législations. D'où la nécessité qui s'est imposée au législateur, de riposter par une ingéniosité non moindre et non moins précoce. Il y a eu là une sorte de duel prolongé entre l'imagination criminelle et l'imagination criminalistique, celle-ci se torturant à diversifier les supplices, à exaspérer la mort violente par toutes sortes d'atrocités. On combattait le fléau du crime par ces procédés, comme on croyait prévenir la famine et la peste, la maladie ou les éclipses de lune, par des hécatombes, des jeûnes publics, des danses orgiaques. Tel a été le début de la pénalité, tel a été le début de l'industrie. Il semble bien pourtant que le premier ait été moins puéril que le second, et assurément la crainte de tenir embrassé pendant trois jours le cadavre de son enfant a dû plus souvent empêcher l'infanticide en Égypte que l'immolation des taureaux n'y a empêché la sécheresse. Mais il est certain que si, à l'origine, la pénalité l'emporte en intelligence sur l'industrie, le développement industriel a été tout autrement rapide que l'amélioration et les réformes pénales. Il est grand temps d'y songer enfin. Or, la recherche prolongée et la découverte profonde des causes du crime et du délit nous autoriseront seules à décider si ces maux humains doivent être classés comme il vient d'être dit. Peut-être, en nous éclairant mieux sur les conditions qui les font apparaître, découvrirons-nous qu'elles ne sont pas hors de nos prises et apprendrons-nous à les maîtriser; mais, n'en fût-il pas ainsi, cette étude et cette connaissance ne laisseraient pas de nous servir. Accordons à Lombroso que, pour une part (lentement, très lentement réductible par le fonctionnement continuel de la peine de mort), la criminalité soit due à la suggestion posthume exercée sur les vivants par nos ancêtres préhistoriques ; pour cette part, la source du crime sera soustraite par sa profondeur à notre pouvoir. Mais la détermination du type criminel qui trahit cette suggestion atavique sera toujours un renseignement bon à connaître pour nous mettre en garde. Quant à la grande portion des crimes et des délits que cette cause n'explique pas, supposons qu'elle tienne à certains caractères spécifiés de l'état social : c'est un peu la thèse des *sostitutivi penali* de Ferri. Certainement il ne s'ensuit pas que nous soyons maîtres de supprimer en un jour la criminalité de ce genre, mais l'espoir de sa disparition nous est donné. Or, en attendant, devons-nous rester inactifs ? Non, pas plus que les hommes du dernier siècle, avant Jenner, ne devaient, à défaut de la garantie procurée par le vaccin, négliger les précautions moindres qui consistaient à pratiquer certaines règles d'hygiène et à éloigner de soi les personnes infectées. La pénalité, telle qu'elle est entendue et pratiquée encore, joue précisément dans la vie moderne, comme moyen préventif du crime et du délit, l'humble et indispensable rôle de ces mesures élémentaires usitées par nos pères contre la maladie qui les décimait. Est-elle appelée enfin à une transformation radicale, à une mission différente ? Ici peut intervenir utilement la question de la responsabilité.

Nous venons de parler de la suggestion exercée par les morts que nous ne pouvons atteindre ; parlons aussi maintenant de celle qu'exercent les vivants nos contemporains, sur lesquels nous pouvons agir. Cette dernière, entendue au sens précis de suggestion hypnotique, est un phénomène si exceptionnel que le législateur a le droit de n'en pas tenir compte ; un accusé qui l'invoquerait pour se faire absoudre d'un assassinat exécuté par lui sous l'irrésistible influence, prétendrait-il, d'un ordre reçu quelques jours ou quelques mois auparavant, serait tenu, suivant l'avis fort judicieux de MM. Binet et Feré, à fournir la preuve d'une telle exception. Aussi je ne m'arrêterais pas aux petits problèmes curieux, mais faciles à résoudre, que ces singularités pathologiques soulèvent, si, par voie d'analogie et d'induction, elles n'étaient propres à nous révéler dans le train ordinaire de la vie sociale l'exercice universel et permanent d'une influence bien moindre, assurément, mais comparable, au degré près. — Elles peuvent servir, d'abord, à nous apprendre que le mobile conscient de nos actes n'en est presque jamais le mobile vrai. Par exemple, une hypnotique endormie a reçu l'ordre (Voir *Revue philosophique*, janvier 1885, p. 9) de faire un pied de nez au buste de Gall. On la réveille; et, conformément à cet ordre dont elle ne se souvient cependant plus, elle fait des pieds de nez au buste; mais, comme pour se dissimuler à elle-même le caractère irrésistible et la cause externe de cette action, elle s'empresse de dire que ce buste « est dégoûtant ». Je cite ce fait entre mille. Que l'on commande à cette même hystérique de tirer un coup de révolver à son frère, elle obéira après son réveil ; mais croit-on qu'elle sera embarrassée pour s'expliquer à elle-même sa conduite? Pas le moins du monde ; elle sera convaincue qu'elle a tué son frère parce qu'il a eu des torts envers elle, parce qu'il l'a lésée dans un partage de famille, ou pour tout autre motif. La vraie cause de son acte lui échappera absolument. Le monomane, pareillement, qui obéit à son penchant invincible ne manque jamais de bonnes raisons pour motiver son action folle. Les aliénés déploient en général beaucoup d'ingéniosité pour justifier leurs extravagances. La source première de l'impulsion est ici dans une lésion cérébrale, tandis que dans l'exemple précédent la cause déterminante est un ordre extérieur reçu par l'hypnotique. Mais la différence s'efface si l'on remarque que la vraie cause de la suggestion est dans l'hypnotisé lui-même, dans son anomalie cérébrale, et non dans un pouvoir soi-disant mystérieux du magnétiseur. L'ordre donné par celui-ci a simplement imprimé un certain cours, décisif, il est vrai, à la maladie de l'hypnotisée; il a joué le rôle des circonstances accidentelles, importantes d'ailleurs au plus haut degré, qui ont spécifié la monomanie du monomane. Les deux cas sont donc analogues.

Or, y a-t-il si loin de là au fait de l'homme qui, tombé follement amoureux d'une femme rencontrée par hasard dans un salon, se met à lui découvrir toutes sortes de perfections physiques, morales, intellectuelles, et se persuade aimer en elle ses talents et ses vertus? Croit-on aussi qu'un joueur, un ambitieux, un avare, soient moins dupes d'eux-mêmes quand ils vantent les avantages et les mérites du jeu, du succès électoral, du gain financier, de l'idole quelconque à laquelle ils immolent leur santé, leur honneur et leur vie? Un homme défend dans un café ses opinions politiques. Il est éloquent, logique, sincère. On l'étonnerait fort si on lui prouvait qu'il est monarchiste ou républicain non en vertu des excellentes raisons qu'il allègue, mais par suite d'influences de famille ou de camaraderie, de prestiges personnels en somme, qui ont agi sur lui, il est vrai, dans la mesure de sa crédulité et de sa docilité natives, effets de son organisation cérébrale. Cette organisation ici est normale, et non anormale comme plus haut; mais le phénomène n'a pas changé de nature. L'homme le plus sain d'esprit, quand il achète une propriété, quand il fait une affaire quelconque, industrielle ou agricole, cède à des impressions dont il ne se doute pas; aussi croit-il toujours faire une bonne opération, car il la colore à merveille. Rien de plus commun, donc, que la suggestion ainsi entendue; la vie sociale en est faite; le commerce, spécialement, ne vit que de caprices suggérés.

Si l'on adopte ce point de vue, on peut dire que la seule différence entre la conduite suggérée du somnambule réveillé et la conduite ordinaire de tout le monde, consiste en ceci : les suggestions auxquelles l'homme normal obéit à chaque instant sont beaucoup plus multiples, et elles sont beaucoup moins extérieures, deux caractères liés l'un à l'autre et qui lui donnent ensemble un faux air d'autonomie. Mais, par une suite de transitions, l'hypnotisme sous ces deux rapports se rattache à l'existence habituelle. D'une part, la *coexistence des suggestions*[1] chez le somnambule est un fait acquis. « Je puis, dit M. Beaunis, dans le sommeil hypnotique, suggérer à un sujet qu'il fera telle chose huit jours après, le lendemain lui suggérer qu'il exécutera un autre acte dans quatre jours, le surlendemain lui ordonner autre chose pour le jour même, et toutes ces suggestions se réaliseront au moment fixé; elles peuvent coexister sans se contrarier mutuellement. Peu importe du reste que ces suggestions coexistantes aient été faites par le même expérimentateur ou par des expérimentateurs différents. Il y a cependant à cela une limite, et, d'après ce que j'ai remarqué, quand les suggestions sont trop nombreuses, elles se nuisent réciproquement. » Ce n'est pas tout. Une suggestion peut être *indéterminée*[2], et, par exemple, consister dans l'idée suggérée de faire quelque chose de drôle, de ressentir un grand plaisir : Ne dirait-on pas précisément l'action d'un exemple extérieur qui nous pousse à une imitation non littérale mais *libre* comme on dit ? — Ajoutons, toujours avec le même expérimentateur éminent, qu'une suggestion n'est pas toujours irrésistible ; le sujet la combat souvent avec un succès partiel ou complet, et non sans des luttes tragiques forte-

[1] Voir *Revue philosophique*, juillet 1885, p. 26, article de M. Beaunis.
[2] Voir *Revue philosophiques*, août 1885.

ment peintes sur ses traits; et, spécialement, quand deux suggestions se contredisent en lui, il faut bien que l'une reste inexécutée, vaincue par la plus puissante; si bien que sa liberté paraît grandir à mesure que sa servitude se complique. Enfin, ce qui a frappé le docteur Liébault comme M. Beaunis, c'est la logique des hypnotisés, leur force et leur rapidité de déduction. Combinons maintenant tous ces caractères, exagérons-les, et demandons-nous en quoi un hypnotique, ayant son cerveau rempli de suggestions à échéances plus ou moins longues, plus ou moins indéterminées, et de suggestions venues de mille côtés, accumulées depuis son enfance, s'embrouillant un peu, beaucoup, par suite, et se combattant, différerait d'un homme raisonnable et libre, surtout si l'on suppose, pour donner à l'hypothèse son complément naturel, que, parmi ces suggestions innombrables, il y en ait une élite de plus fortes, de plus anciennes, de plus enracinées, auxquelles les autres se subordonnent. Je sais bien que les ordres extérieurs rassemblés, à son insu, dans le cerveau de l'homme normal, ne sont pas, pour la plupart, des ordres verbaux, ce sont plutôt des conseils tacites, des *exemples* dont l'efficacité salutaire ou funeste est ignorée en général de leurs auteurs. Mais cela importe peu; car les expériences faites sur les hypnotiques montrent que, sur eux aussi, l'influence impérative de l'action se substitue indifféremment à celle de la parole. A propos de l'hypnotique qui fait des pieds de nez au buste de Gall, MM. Binet et Féré ont soin de remarquer que « lorsqu'elle s'arrête, il suffit d'esquisser le geste pour *l'amorcer* en quelque sorte, et lui faire reprendre son geste moqueur, *ce qui prouve bien la force de l'exemple.* »

D'autre part, l'échéance d'exécution d'une suggestion hypnotique peut être, on le sait, indéfiniment reculée. M. Beaunis nous apprend qu'il a vu se réaliser à jour fixe une suggestion faite par lui *cent soixante-douze jours* auparavant et il ne doute pas que ce terme ne puisse être fort dépassé. Est-ce qu'une suggestion qui a séjourné si longtemps dans les cellules d'un cerveau peut, au moment où elle s'exécute, être regardée comme tout à fait *aussi étrangère* à l'exécutant que si elle s'était accomplie une demi-heure après l'ordre reçu ? Est-ce que ce cerveau ne commence pas à se l'être un peu appropriée, faite sienne, par une incubation si prolongée ? et ne viendra-t-il pas un moment où elle fera partie de sa substance même, moins intimément à coup sûr que les suggestions ancestrales dont j'ai parlé plus haut, mais assez essentiellement déjà si elle date de l'enfance ou de la première jeunesse [1] ?

Par des expériences toutes nouvelles, (qui viennent de paraître dans le numéro de mai 1886 de *la Revue philosophique*), M. Delbœuf, toujours initiateur, a commencé à rattacher intimement l'hypnotisme à la vie normale et rétabli « l'unité de la conscience » de l'hypnotisé. Il est parvenu ingénieusement à obtenir que celui-ci se souvînt, après son réveil, du rêve qui vient de lui être suggéré, et il a fait voir que ce souvenir se produit dans les conditions mêmes où a lieu le souvenir, rare aussi, des songes. Il a montré enfin que le rêve hypnotique, comme le rêve ordinaire, est parfois la reproduction spontanée (ce qui ne veut pas dire libre) des faits perçus à l'état de veille, plus souvent leur arrangement opéré suivant une certaine logique et commandé par une provocation extérieure, qui consiste ici en paroles ou en gestes du magnétiseur, là en bruits, en odeurs, en sensations de température ou en sensations musculaires, en impressions accidentelles quel-

[1] M. Beaunis a raison de dire que la suggestion hypnotique fournit la seule méthode connue d'expérimentation en psychologie ; mais on voit qu'il aurait pu ajouter : en sociologie. Non seulement, en effet, elle donne le moyen d'isoler les plus menues opérations de l'esprit (c'est le cas des suggestions *négatives*, par exemple) et de descendre ainsi aux derniers éléments de la vie mentale chez l'hypnotisé ; mais encore, par la relation unique et singulière de celui-ci avec son hypnotiseur, elle met à nu l'élément même de la vie sociale.

conques venues elles-mêmes du dehors. — L'hypnotisme, polarisation étrange de l'âme, n'en est donc, comme le songe, qu'une simplification. Ce qu'il y a de vraiment merveilleux au fond, ce n'est pas le songe, ce n'est pas la suggestion hypnotique, c'est l'état de veille normal, qui est un hypnotisme ou un songe si prodigieusement compliqué et en même temps si harmonieusement coordonné. Puisque le cours des idées du rêveur est déterminé, suggéré par une impression extérieure, on peut dire, en renversant une formule de M. Taine, que l'hallucination est une espèce de perception, car la perception n'est aussi qu'un groupement de souvenirs par des sensations survenantes. La seule différence est que, à l'état de veille, les sensations sont plus nombreuses, plus nettes, et que leurs suggestions se limitent, se rectifient mutuellement. Quand une seule sensation a le monopole d'agir sur l'imagination passive du dormeur, la réaction qui la suit, c'est-à-dire l'apparition du songe, peut et doit même s'étendre à toutes les images quelconques disponibles, c'est-à-dire en général, comme l'a prouvé expérimentalement M. Maury, paraître exagérée et hors de toute proportion apparente avec elle : par exemple, à un tout petit coup d'épingle donné au dormeur répondra dans son rêve un grand coup d'épée reçu. Cette sensation unique, variable d'ailleurs d'un moment à l'autre, dispose donc de tout le cerveau endormi ; en cela elle joue le rôle du magnétiseur. Quand son monopole cesse par l'afflux des sensations de tous genres qui se pressent aux portes des divers sens, le réveil, par degrés, s'opère ; et l'on voit ainsi se réaliser journellement l'hypothèse où je viens de me placer, celle de magnétiseurs multiples, concourants ou concurrents.

De cette hypothèse nous pouvons tirer plusieurs conséquences relatives à la loi pénale. Nous voyons d'abord que la responsabilité de notre sujet hypothétique, nulle au début, ira croissant, à mesure que ses suggestions *s'in-*

térioriseront, que l'hypnotisé et *les* hypnotiseurs s'identifieront en lui. C'est ainsi que les actes accomplis par un homme dans la période de transition entre le rêve ordinaire profond et le réveil complet engageraient à des degrés de plus en plus élevés sa responsabilité. Les législations semblent se placer inconsciemment à ce point de vue, quand elles regardent comme en partie responsable de l'acte commis par le fils mineur ou le domestique, son père ou son maître[1]. N'oublions pas que la responsabilité d'un acte, telle qu'elle est entendue ici, a trait non à cet acte même, immuable désormais, mais aux actes possibles de même nature ou également nuisibles qu'il s'agit de rendre impossibles ou moins probables. Pour empêcher la répétition d'un acte criminel soit par son auteur lui-même, soit par autrui, il faut frapper ses causes autant que possible, en lui ou hors de lui; mais il faut frapper différemment les causes morales et sociales qui consistent en volontés, et les causes physiques ou physiologiques, quoique celles-ci, à vrai dire, conditionnent celles-là. La pénalité, en tant que médication proprement sociale, doit se restreindre au traitement des premières causes; les secondes réclament d'autres soins. — Un médecin ordonne à une somnambule endormie de commettre un assassinat sur la personne d'un interne qu'il déteste. Réveillée, elle commet ce crime. Quelle est la volonté coupable? Celle du médecin. La cause sociale de l'acte est ici tout extérieure à l'agent. Il n'en est pas de même d'ailleurs de la cause physique, j'entends l'état morbide de l'agent. Aussi, pour prévenir le retour de faits pareils, il ne suffira pas d'enfermer le médecin dans un bagne ou de lui trancher la tête afin qu'il ne puisse plus magnétiser personne, ni ce sujet ni d'autres; il faudra encore envoyer la somnambule dans un asile, et la soustraire ainsi à l'empire des criminels quelconques qui voudraient faire d'elle

[1] Dans les casernes de gendarmerie, le mari est puni pour les fautes de la femme. C'est pousser un peu loin le principe.

leur docile instrument[1]. Supposez qu'on la guérisse de son infirmité, et que tous les malades atteints de la même névrose soient guéris pareillement, l'incarcération du médecin deviendra inutile, du moins en tant qu'elle a pour but d'empêcher *l'espèce* de forfait qu'il a commis. Il est vrai que, même dans cette hypothèse, la perversité criminelle dont il a fait preuve laisserait redouter de sa part d'autres crimes; et, à ce titre, il y aurait encore lieu de l'emprisonner pour prévenir sa récidive, et de le couvrir d'infâmie pour prévenir la contagion extérieure de son exemple. Mais son exemple n'est contagieux que pour les personnes prédisposées à subir cet entraînement ; si donc, cette prédisposition, maladive en un sens, était susceptible à son tour d'être extirpée, la peine à lui infliger pourrait sans inconvénient se réduire à la privation de sa liberté, à son séjour obligatoire dans quelque hospice, et n'être nullement infamante. Malheureusement, il n'y a pas de spécifique connu contre cette maladie congénitale qu'on appelle une nature vicieuse ; il n'y a que des palliatifs fournis par une éducation appropriée et, mieux encore, par certaines transformations de l'état social. Aussi, tant qu'il en sera ainsi, faudra-t-il se garder d'ôter aux mesures de sécurité publique réclamées par la manifestation des instincts criminels, leur caractère de flétrissure.

Cependant, si nous avons relégué dans un asile, et non dans un bagne, la somnambule homicide, quoique en commettant son assassinat, elle se soit elle-même jugée libre[2] et capable d'avoir agi autrement, pourquoi reléguons-nous au bagne, et non dans un asile, son magnéti-

[1] Ajoutons qu'il convient de la mettre, comme la plupart des fous d'ailleurs, dans l'impossibilité de procréer des enfants héritiers de son infirmité dangereuse. En effet, dans les cas où la cause de l'acte dont il faut prévoir le retour est la folie, l'espèce et la seule espèce de répétition possible de cet acte c'est, après l'habitude, l'*hérédité*, nullement l'*imitation*. L'interdiction du mariage serait justement l'équivalent du châtiment.

[2] On voit ce qu'il faut penser de cette idée, chère à certains mo-

seur ? Lui-même, il est vrai, en suggérant à l'hypnotisée son acte criminel, s'est cru autonome ; mais lui-même s'est trompé. Il a cédé, lui aussi, à une impulsion interne, et qu'importe que ce soit non l'ordre d'un médium, mais un ensemble d'innéités héréditaires déposées dans son écorce cérébrale et venues de ses ancêtres? Voilà la question. — Or, il est aisé d'y répondre d'après ce qui a été dit plus haut. Ici le vrai mobile de l'acte, c'est-à-dire de l'ordre d'assassiner, n'est pas extérieur à l'agent, c'est-à-dire au magnétiseur, il lui est intérieur et propre. Cela suffit. Il ne s'agit pas, en effet, de liberté, mais d'identité. Mon acte m'appartient socialement, et, par suite, pour empêcher sa répétition sociale, c'est bien moi qu'il faut atteindre, quand (libre ou non d'ailleurs), par sa cause sociale psychologique, par la volonté et le désir qu'il implique et qui se lient par un nœud logique au faisceau de mes idées et de mes désirs constitutifs, il émane de moi ou des miens ; j'entends par les miens les moi antérieurs que je me suis appropriés en naissant. — Il ne m'appartient que physiologiquement quand, provoqué par un accès de démence, il a sa cause vitale, il est vrai, dans mon cerveau, mais sa cause sociale, à savoir le dessein et le jugement impliqués en lui, hors de ma personnalité habituelle. — Il y a du reste des degrés dans l'identité, dans la non-identité même, dans l'aliénation ; et certainement les causes de nos actes nous sont plus ou moins étrangères, plus ou moins personnelles. — Eh bien, c'est par des moyens sociaux qu'il faut agir, je le répète, sur les causes sociales. Cette volonté dépravée, cette source permanente de nouveaux crimes, que notre magnétiseur porte en lui, en quoi consiste-t-elle, ses conditions physiologiques étant mises à part ? Elle consiste en croyances et en désirs, et d'abord en une opinion plus ou moins

ralistes, que, à défaut de la réalité du libre arbitre, son illusion seule donnerait une base à la morale. Ici la conséquence serait de faire condamner notre hypnotisée à une peine infamante.

avantageuse de lui-même que ce criminel porte en soi. Il faut frapper cet orgueil en lui opposant une opinion publique précisément contraire, un blâme énergique, qui, communiqué à lui-même par imitation, l'affaiblit toujours au fond dans une certaine mesure, et souvent lui porte un coup terrible. En tout cas, cette réprobation va détruire son prestige et amoindrir par là son influence sur autrui.

Je viens de dire que, au regard de la société justicière, la question de savoir si une action coupable émane de moi ou des miens importe peu, quand les miens et moi ne sommes point séparables. Or, il est à remarquer que les degrés de cette inséparabilité ont beaucoup varié au cours des transformations sociales, et rien n'est plus propre à démontrer que la responsabilité sociale a pour fondement non la liberté, ni même la causalité précisément au sens scientifique du mot, mais l'identité. Il s'agit simplement de décider si la cause, quelle qu'elle soit, de l'acte à punir, se trouve comprise ou non dans le sein de telle *unité sociale* désignée. Cette unité, qu'est-ce ? De nos jours, c'est l'individu, l'organisme individuel en bloc sans nulle distinction à établir entre les organes qui le composent, et notamment entre les différentes parties de son cerveau[1], dont une seule pourtant a souvent eu l'initiative de l'action criminelle et ne l'a accomplie que malgré l'opposition impuissante de toutes les autres. Mais il fut une époque primitive, persistante encore çà et là sur certains points arriérés du globe, où l'unité sociale était le groupe indissoluble de la famille ou de la tribu ; et il eût semblé alors

[1] Ces degrés d'identité et de non-identité doivent être incompréhensibles, quoique incontestables, pour qui n'admet pas la complexité du moi. Mais si l'on regarde le cerveau comme une congrégation, en quelque sorte, de petites âmes commensales, régies d'ailleurs monarchiquement par une monade-reine, mais par une monade toujours plus ou moins obéie, plus ou moins en lutte avec ses sujets rebelles, rien ne se comprend mieux que ces expressions ; et l'aliénation mentale devient simplement l'équivalent d'une rébellion triomphante.

presque aussi étrange de songer à isoler l'homme de sa famille ou de sa tribu, à localiser en lui-même et en lui seul la responsabilité de ses propres crimes, qu'il le serait aujourd'hui de condamner comme coupable d'un assassinat ou d'un vol telle circonvolution spéciale de l'hémisphère gauche ou droit du cerveau d'un malfaiteur, à l'exclusion de tout le reste de son être. Pour nous faire une idée de cette conception primitive, pensons au dogme du péché originel. Imaginons que ce dogme nous soit inconnu, mais qu'on l'enseigne sur la terre pour la première fois : auprès de qui trouverait créance cette responsabilité de toute une lignée à l'infini pour la faute de son premier père ? Pourtant cela a été jugé tout naturel par la nation hébraïque et par d'autres peuples anciens qui vivaient en un temps où la seule personne juridique reconnue, la seule personne pouvant avoir des droits et des devoirs (comme le dit fort bien Sumner Maine), était la famille en corps ; personne d'ailleurs essentiellement immortelle, responsable, par suite, *in infinitum* des délits commis par ses membres. Alors même que toute autre raison de croire à cet antique état social aurait disparu, il suffirait du péché originel pour témoigner de son existence.

Eh bien, n'est-il pas probable aussi qu'au temps où régnait ce singulier Droit criminel, il se trouvait des esprits assez avancés pour avoir découvert que, après tout, le seul auteur d'un assassinat était Pierre ou Paul et non tout le groupe de ses parents ou de ses enfants encore à naître ? Certainement ; mais on avait beau tenir ce fait pour incontestable, l'intime solidarité des parents entre eux défendait de faire cette distinction. De même, nos aliénistes et nos experts médico-légaux auront beau nous démontrer savamment que tel ganglion, tel lobe, telle cellule du cerveau d'un accusé a fait tout le mal, la justice refusera avec raison d'entrer dans ce détail et se croira le droit de trancher toute la tête qui contient ce ganglion, ce lobe ou cette cellule.

Remarquons-le, si cette décapitation est juste en dépit de l'analyse scientifique, il y a des raisons analogues de justifier aussi bien l'ancienne vindicte étendue à la tribu tout entière. Décomposer la tribu jadis, c'eût été aussi entrer dans un détail quasi-anatomique interdit à la société environnante qui se composait non d'individus mais de tribus. Et si nous cherchons les causes de cette indissolubilité familiale, nous les trouverons, entre autres, dans l'état de guerre des familles entre elles. De nos jours encore, en temps de guerre, un corps d'armée tout entier semble n'être qu'une seule et même personne responsable aux yeux du corps d'armée ennemi; et, pour un acte de cruauté, pour un coup de fusil donné en violation du droit des gens par un soldat quelconque, tous ses camarades sont exposés à subir la loi des représailles, qui seront regardées comme légitimes dans ce cas.

Ainsi, autre chose est la cause d'un acte aux yeux de la science, autre chose aux yeux du Droit pénal. La cause dans le premier sens est une des forces qui constituent l'être frappé par la justice, mais n'est qu'une de ses forces. Poursuivons l'analogie qui précède. La famille antique, si unie qu'elle fût en face de l'ennemi, avait ses enfants perdus, ses déclassés, corps étrangers en elle; aussi, quand l'un d'eux avait commis quelque méfait au préjudice d'une tribu voisine, on s'empressait de le livrer à celle-ci, pieds et poings liés, pour prévenir toute vengeance. Cette satisfaction suffisait souvent, parce qu'il était établi par cet acte d'extradition, que nulle *identité* n'existait entre cet individu et sa race. — Or, quand un aliéniste, après examen d'un inculpé, vient nous dire : « Cet homme est fou et sa folie a son siége dans telle partie du cerveau où elle est circonscrite, et d'où j'espère l'expulser par un traitement approprié, » cela signifie qu'il n'y a pas identité non plus entre la cause de l'action incriminée et la personnalité de cet homme, que l'un est dans l'autre, il est vrai, mais n'est pas possédé par l'autre. Dans cette hypothèse, aux yeux de la justice pénale elle-même, l'organisme individuel apparaît comme décomposable.

Mais je suppose que la folie soit incurable et envahisse tout le cerveau. Comment faut-il entendre la responsabilité sociale dans cette hypothèse ? Que dire de ces malheureux, fort rares à la vérité, dont le cerveau, occupé à tour de rôle par deux, trois, quatre, cinq, six personnalités successives et différentes, comme le trône d'un empire en dissolution par des monarques éphémères et belligérants[1], est le démenti le plus complet à la fiction légale de l'unité individuelle et nous montre cette unité à peu près aussi artificielle et arbitraire que celle de l'unité familiale d'autrefois? C'est une question très grave que je ne prétends pas trancher d'un mot. Pour distinguer entre le criminel et le fou, ou, dans un sens plus large, entre les actes socialement préjudiciables qui méritent une punition et ceux qui n'en méritent pas, il faut une pierre de touche, et tout le monde sent qu'il y en a une, mais le difficile est de la désigner. Essayons.

Quelques-uns nient cette distinction. On nous dit, par exemple, que le progrès des idées, après avoir emporté le préjugé du passé qui imputait leur folie aux fous comme une faute morale, ne peut manquer de supprimer aussi ce préjugé subsistant qui voit une faute morale dans les méfaits commis en pleine raison, quoique ces actes, comme ceux des aliénés, soient l'effet fatal d'une organisation spéciale. — Il n'en est pas moins vrai, répondrai-je, que l'acte volontaire résulte d'un choix délibéré, libre ou non ; que, comme tel, il est susceptible d'être répété *par imitation*, tandis que l'exemple des crimes des fous restés impunis ne suffit pas à rendre fou, et qu'il y a lieu socia-

[1] Voir dans *la Revue philosophique* les numéros d'octobre 1885, et janvier 1886, où se trouvent de très intéressants documents de MM. Bourru et Burot, sur *les Variations de la personnalité, sur un cas de multiplicité des états de conscience avec changement de la personnalité.* Voir surtout les savantes monographies de M. Ribot sur *les maladies de la personnalité et de la volonté.*

lement, au seul point de vue utilitaire même, de distinguer entre des actes contagieux et des actes dépourvus de ce caractère capital. De là, l'immunité totale du fou, mais l'immunité seulement partielle de l'homme ivre qui commet un délit. En effet, « ne devient pas fou qui veut, dit très bien Lelorrain ; l'ivresse, au contraire, est à la portée de tout le monde. » Même raisonnement à propos des quasi-délits de tout genre. Un chef de gare, par suite d'une de ces éclipses instantanées de mémoire qui ne sont pas dues à l'inattention et que les plus attentifs n'évitent pas, occasionne le choc de deux trains et la mort de cent personnes. Le mal direct est grand, l'alarme générale est immense. Pourtant, ce malheureux, plus à plaindre qu'à blâmer, sera loin d'être puni autant que l'auteur d'un petit vol avec effraction dont une commune s'est à peine inquiétée. Pourquoi? Parce qu'on aurait beau le pendre ou l'écarteler, on ne préviendrait pas dans l'avenir la reproduction d'un seul de ces faits, reproduction toute fortuite, nullement imitative, toute physique et physiologique, nullement sociale dans ses causes.

On pourrait donc rester utilitaire et éviter de tels écarts de doctrine. Maintenant, admettons qu'en condamnant à mort ce chef de gare simplement malheureux, on donnera de la sorte à tous les chefs de gare du pays un avertissement salutaire réellement propre à prévenir le retour aussi fréquent de pareils accidents, c'est-à-dire, par exemple, à éviter dans l'avenir la mort d'une dizaine de personnes. Au point de vue utilitaire ne semble-t-il pas qu'il y ait tout avantage à sacrifier une vie humaine pour en sauver dix. C'est juste, et pourtant la conscience de ce public même dont le législateur aura pris les intérêts avec tant de logique utilitaire, se révoltera contre la barbarie d'un tel châtiment. Pourquoi? demanderons-nous encore. Parce que responsabilité implique causalité et identité à coup sûr, sinon, ce qui est très contestable, liberté. Or, un homme ne saurait être réputé cause, à divers degrés, que des actes qu'il a faits par lui-même ou par les siens, ou qu'il a fait faire, ou auxquels il a paru adhérer en les laissant faire, ou enfin qu'il a provoqué quelqu'un à faire. On comprend de la sorte qu'il soit dans une certaine mesure jugé d'avance, co-auteur des actes qui seront probablement accomplis par imitation du sien, si on le laisse impuni, mais non de ceux qui, *étant involontaires et par suite n'ayant pû naître par imitation*, auront lieu pourtant dans la même hypothèse de l'impunité du sien et n'auront pas lieu si le sien est puni, parce qu'alors cette punition sera regardée comme un exemple à ne pas suivre. Je puis donc être châtié plus fort à raison et en prévision des actes que l'imitation du mien pourrait produire; mais, quant à ceux qui, s'ils s'accomplissaient, ne seraient nullement copiés sur le mien, ils me sont étrangers ; et je né puis donc, logiquement, être puni à raison de ces derniers, quoique d'ailleurs l'exemple de ma punition inconséquente puisse avoir pour effet d'empêcher leur accomplissement. Cela peut sembler subtil; mais qu'on y réfléchisse, on verra peut-être que c'est la seule solution possible des difficultés soulevées par ce sujet épineux. La responsabilité d'un agent, je le répète, indépendamment des actes qu'il a conseillés, commandés ou exécutés et où sa causalité n'est pas discutable, indépendamment aussi des actes qui émanent de ses enfants mineurs ou de ses serviteurs, personnes identifiées à la sienne par une fiction archaïque, de plus en plus repoussée d'ailleurs par nos mœurs, est restreinte aux conséquences sociales que peut produire la répétition imitative par autrui de son acte propre; mais celle-ci n'est possible qu'autant que son acte a pu être imitativement reproduit par lui-même, c'est-à-dire qu'il a été volontaire[1]. — Tout s'éclaire ici à la lumière de cette

[1] Certainement le moi est composé; mais la société ne saurait, dans la réduction graduelle de ses unités composantes, (d'abord la tribu, puis le groupe familial de plus en plus restreint, puis l'individu) descendre au delà du moi pris comme un tout. Aussi ce qui

idée d'imitation, notion sociologique par excellence; tout s'obscurcit et s'embrouille avec l'idée équivoque d'utilité pour seul et unique flambeau. En vertu des considérations précédentes, on peut s'expliquer comment il se fait que, au cours de la civilisation grandissante, la part et l'importance de l'involontaire dans la vie humaine aillent en décroissant, comme l'atteste la substitution incessante des contrats aux engagements innés, ou de l'activité législative aux droits coutumiers.

En présence d'un mouvement si marqué est-il possible d'effacer en Droit pénal la distinction de l'accidentel et du volontaire comme hors d'usage et, sous prétexte de salut social, de refouler dédaigneusement dans le rang des forces quelconques de la nature, cette force civilisatrice par excellence, la volonté !

Mais je ne veux pas creuser plus avant ces problèmes. Il me suffit d'avoir indiqué sur quels nouveaux fondements, indépendamment de toute question controversée, la responsabilité pénale peut s'asseoir. Cela dit, occupons-nous de criminalité proprement dite.

est volontaire dans l'activité individuelle est-il seul susceptible de développements sociaux ; car le propre de l'acte volontaire, M. Ribot l'a fort bien montré (V. *Revue philosophique,* juillet 1882), c'est de n'être pas la simple transformation d'un état de conscience détaché, *mais de supposer la participation de tout ce groupe d'états conscients ou subconscients qui constituent le moi à un moment donné.*

CHAPITRE IV

PROBLÈMES DE CRIMINALITÉ

I

GÉOGRAPHIE CRIMINELLE

Examinons d'abord une observation ou pseudo-loi dont l'interprétation semble bien facile, mais ne l'est que superficiellement. « Quételet, dit M. Garofalo dans sa *Criminologia*, a prouvé le premier par la statistique que les crimes de sang croissent dans les climats chauds et décroissent dans les climats froids. Il a limité ses remarques à la France [1], mais la statistique des autres pays d'Europe a montré l'universalité de cette loi. Même dans les États-Unis d'Amérique, on a observé que dans le Nord prévalent les vols et dans le Midi les homicides. » Je conteste que la règle soit sans exceptions notables ; mais, dans une certaine mesure, elle est vraie ; et les travaux de Ferri ont beaucoup contribué à en montrer la vérité. Qu'on ne se hâte pas trop cependant d'attribuer cette relation à une influence pure et simple du climat. Remarquons en effet que, dans un même climat nullement modifié, un peuple en train de se civiliser présente un accroissement proportionnel de la criminalité astucieuse ou voluptueuse et une diminution relative de la criminalité violente. Comparons maintenant ces deux relations, l'une du crime et de la température, l'autre du crime et de la civilisation. L'une semble identique à l'autre. Il y a donc ceci d'étrange

[1] On verra justement plus loin que son observation ne s'applique guère à la France, la Corse exceptée.

à première vue que le progrès de la civilisation paraît avoir, sur la direction imprimée aux penchants criminels d'un peuple, précisément le même effet qu'aurait un refroidissement de son climat. La civilisation, par hasard, serait-elle donc un calmant nerveux de la race, comme l'est le froid ? Nous savons bien pourtant le contraire ; le propre de la vie civilisée par excellence, de la vie urbaine, est de surexciter le système nerveux autant que la vie rurale l'apaise et nourrit le muscle aux dépens du nerf. Elle agit en ce sens comme ferait, non pas un refroidissement, mais un échauffement du climat.

Comment donc expliquer la chose? Il faut, je crois, faire intervenir ici la remarque vulgaire, si savamment et si ingénieusement développée par M. Mougeolle (dans son livre intitulé *Statistique des civilisations*), sur la marche de la civilisation vers le Nord. Si cette remarque générale est vraie, et assurément on ne saurait lui contester une large part de vérité, nous pouvons voir que la supériorité numérique des vols dans le Nord et des homicides dans le Midi tient, non à des causes physiques, mais à une loi historique ; non au fait que le Nord est plus froid et le Midi plus chaud, mais au fait que le Nord est plus civilisé et le Midi moins. Les pays les plus civilisés à un moment donné sont, en effet, ceux où la civilisation est de date plus récente. Ce sont les pays septentrionaux en général, comparés aux nations et aux provinces méridionales. En se communiquant à des races moins fines et plus fortes, moins nerveuses et plus musculeuses, la contagion civilisatrice étonne le monde par l'éclat remarquable de ses phénomènes ; et, se déployant extraordinairement sur ces terres vierges, elle y produit maintenant, mais avec plus d'intensité encore, les changements déjà accomplis par elle dans les lieux d'où elle paraît émigrer, et où, à vrai dire, elle se maintient, mais sans progrès ou en déclinant. Entre autres effets de ce genre, elle fait diminuer dans son nouveau séjour la criminalité cruelle, qui auparavant y sévissait, et elle y fait augmenter la criminalité perfide ou lascive, qui naguère était inférieure à la première. Une statistique faite à des époques où, la civilisation n'ayant pas encore passé du Midi au Nord, le Nord était plus barbare, eût certainement montré que les crimes de sang étaient plus nombreux dans les climats septentrionaux, où maintenant ils sont plus rares, et provoqué les Quételets d'alors à formuler une loi précisément inverse de la loi ci-dessus. Par exemple, si l'on divise l'Italie actuelle en trois zones, Lombardie, Italie centrale, Midi, on trouve que dans la première il y a par an sur 100,000 habitants trois homicides, dans la seconde près de dix, dans la troisième plus de seize [1]. Mais n'estimera-t-on pas probable qu'aux beaux jours de la Grande Grèce, quand florissaient Crotone et Sybaris, au Sud de la péninsule toute peuplée de brigands et de barbares dans le Nord, à l'exception des seuls Étrusques, la proportion des crimes sanglants aurait pu être renversée? Actuellement, il y a en Italie, à chiffre égal de population, seize fois plus d'homicides qu'en Angleterre, neuf fois plus qu'en Belgique, cinq fois plus qu'en France. Mais on peut bien jurer que, sous l'empire romain, il en était autrement, et que les sauvages Bretons, les Belges même et les Gaulois l'emportaient en férocité habituelle de mœurs, en bravoure et fureur vindicative, sur les Romains amollis. D'après Sumner Maine, la littérature scandinave démontre que l'homicide, aux époques de barbarie, était « un accident journalier » chez ces peuples du Nord, précisément les plus doux à présent, et les plus inoffensifs de toute l'Europe [2].

La Corse aujourd'hui, comparée à la France, présente

[1] *Criminologia*, par Garofalo, p. 397.

[2] En Espagne, même contraste. Les provinces du Nord y donnent une moyenne de crimes, surtout de crimes contre les personnes, inférieure à celle des provinces du Midi. Au temps de la domination arabe, pense-t-on qu'il en était de même ? et croit-on qu'alors, comme aujourd'hui, l'ensemble de la criminalité violente, dans cette péninsule, était quatre fois plus élevé qu'en France ?

un chiffre exceptionnel d'homicides causés par la vendetta, et, en revanche, un minimum de vols. Mais sept ou huit cents ans avant l'ère chrétienne, quand l'Étrurie, après Carthage, apporta ses arts industriels et agricoles à cette île pendant que la Gaule était encore plongée dans la barbarie, il est à croire que le chiffre continental des crimes inspirés par la vengeance, passion dominante des barbares, n'était pas inférieur au chiffre insulaire.

Quant à la France, il est bon de signaler que, malgré Quételet, elle échappe à la loi d'inversion signalée. Qu'on jette un coup d'œil sur les belles cartes d'Yvernès annexées à la statistique criminelle de 1880. Sur la carte des crimes contre les personnes, on ne remarque nullement l'assombrissement voulu des teintes du Nord au Midi; ce qui frappe seulement, c'est leur noirceur dans le voisinage des grandes villes, Seine, Bouches-du-Rhône, Gironde, Loire-Inférieure, Nord, Seine-Inférieure, Rhône. La carte des crimes contre les propriétés montre-t-elle un damier de teintes inverse du précédent? Point du tout. Les deux ne diffèrent point sensiblement ; et les départements les plus foncés, comme les plus clairs, sont à peu près les mêmes dans l'un et dans l'autre. Notons que cinquante ans de statistique sont là condensés. — Mais, si un travail pareil eût pu être fait au sixième siècle de notre ère, au temps où Arles était une grande ville de 100,000 habitants, entourée d'une constellation rayonnante de cités romaines, et où Lutèce était une bourgade isolée, il est à présumer que la carte des homicides, au lieu de présenter une dissémination indifférente de ses teintes, n'eût pas manqué d'être beaucoup plus sombre à l'endroit des rudes tribus germaines du Nord, que parmi les Celtes romanisés du Midi.

Si la criminalité contre les personnes en France n'est pas plus marquée dans le Midi qu'au Nord, le rapport de cette criminalité à celle contre les propriétés dans un même département donne lieu à une remarque intéressante. Il n'y a que sept départements, *tous montagneux et pauvres*, où les crimes contre les personnes égalent et excèdent en nombre les crimes contre les propriétés : à savoir les Hautes-Alpes, la Savoie, l'Aveyron, la Lozère, les Basses-Alpes, les Pyrénées-Orientales et la Corse. Dans les soixante-dix-neuf autres, la proportion inverse se remarque. Ici, est-ce l'importance de la latitude qui apparaît? Non ce serait plutôt celle de l'altitude. Mais il est bien clair que la véritable explication est tirée de l'état social. A propos de suicide, M. Morselli, dans son bel ouvrage, s'est efforcé de découvrir une influence analogue de la latitude, voire même des formations géologiques. Mais il est contraint de reconnaître, avec sa bonne foi supérieure, le peu de fondement de ses conjectures. A l'inspection de ses cartes, il est évident, de son propre aveu, que le centre de l'Europe l'emporte sur le nord par la fréquence de ses suicides, et que, dans les parties centrales, il y a deux foyers d'irradiation, à savoir Paris et le cœur de l'Allemagne, autrement dit les deux foyers continentaux de notre civilisation européenne. Si le troisième, Londres, qui est insulaire, échappe à la contagion, c'est sans doute à cause du caractère religieux, traditionnaliste, plus original aussi et moins mélangé, de la civilisation anglaise. Quoi qu'il en soit, il est clair que la distribution géographique du suicide s'explique sociologiquement, non géographiquement; et je crois qu'il faut en dire autant de celle du crime.

Ai-je entendu nier dans ce qui précède l'influence provocatrice de la chaleur sur le déchaînement des instincts violents et sanguinaires? Nullement. Je sais que le maximum de la criminalité contre les personnes, c'est-à-dire des *crimes de sang*, correspond, dans un même pays donné, au printemps, sinon à l'été, comme celui de la criminalité contre les propriétés à l'automne, sinon à l'hiver; et ce contraste chronologique n'est évidemment pas susceptible du genre d'interprétation auquel je viens de soumettre le contraste géographique analogue. Il révèle clairement une provocation indirecte, il est vrai, exercée par les hautes températures sur les passions malfaisantes, et analogue à celle de l'alcool, que la statistique manifeste aussi. Cette cause doit donc entrer pour quelque chose dans le contraste géographique lui-même, mais ici elle s'absorbe dans l'action prépondérante et plus directe de la civilisation relativement élevée [1]. Et il y a cette différence entre les deux que l'une, l'explication physique du crime, perd chaque jour de son importance au cours du progrès humain, tandis que l'autre, l'explication sociale, ne cesse de devenir plus profonde et plus complète à elle seule. Voilà pourquoi les grandes gelées et les grandes sécheresses, et en général le cours des saisons, influent moins sensiblement, et les crises politiques agissent plus fort sur la courbe annuelle des crimes, et aussi bien des suicides, des naissances et des mariages, dans les milieux urbains que dans les milieux ruraux. — Il convient de remarquer aussi que l'alcoolisme agit sur la criminalité dans le même sens que le climat chaud ou la saison chaude. Mais précisément cette honteuse habitude de l'ivrognerie, cause toute sociale à coup sûr, et par les inventions primitives qui l'ont rendue possible, et par la diffusion des exemples qui l'ont établie, se répand de manière à contre-balancer plutôt qu'à renforcer l'action thermique. En effet, c'est dans la saison froide qu'on s'enivre le plus, et c'est aussi dans les climats froids. La carte d'Yvernès sur l'ivresse est très nette à cet égard (comme sa carte sur la récidive); les teintes s'y assombrissent par degrés à mesure qu'on s'élève aux départements du Nord, sauf des exceptions qui confirment la règle, par exemple le Puy-de-Dôme, le Can-

[1] Dans une même région, ce sont, non pas les parties les plus chaudes, mais précisément les plus froides, c'est-à-dire les montagnes, qui présentent la criminalité violente la plus élevée. Par exemple, dans le midi de la France, les Pyrénées-Orientales, l'Ardèche, la Lozère, sans parler de la Corse. C'est que les pays montagneux sont les moins civilisés.

tal, la Lozère, les Alpes-Maritimes, etc., et autres pays montagneux, froids, quoique méridionaux. Il tend donc à s'établir, grâce à l'alcoolisme toujours croissant dans le Nord, un nivellement de la criminalité violente, favorisée dans telle latitude par le climat, dans telle autre par le vin, l'alcool ou la bière. On peut croire que les populations septentrionales sont aussi fortement poussées aux crimes de sang par leur ivrognerie endémique et traditionnelle que les populations méridionales par leur soleil. Si donc les premières se retiennent plus souvent sur la pente de la cruauté, si l'Anglais, par exemple, tout en consommant beaucoup plus d'alcool, est seize fois moins meurtrier que l'Italien [1], ce résultat me semble dû surtout à la supériorité de culture sociale dont le Nord aujourd'hui donne le spectacle.

En un mot, si la civilisation était à son apogée, on peut croire que l'influence des saisons et des climats sur la criminalité serait une quantité presque négligeable et que les influences sociales seules mériteraient examen. Attachons-nous, par suite, à celles-ci. Mais, me dira-t-on, l'explication physique de la criminalité n'est que reculée dans votre manière de voir, puisque, si la moindre violence criminelle des pays les plus froids est due à leur civilisation supérieure, la supériorité de celle-ci s'explique à son tour par son progrès du Sud au Nord, dont la différence des climats paraît seule rendre compte. — C'est le moment, pour répondre, d'examiner de près cette *loi thermique* de l'histoire, et de voir si elle ne dériverait pas de quelque cause toute sociale au fond, malgré son expression physique. Mais d'abord, rendons cette justice à M. Mougeolle

[1] Cette différence, d'après Garofalo, s'explique par celle des races. Encore une illusion, je crois. Une coutume nationale, qui n'est pas exclusivement propre, il s'en faut, à la race italienne, celle de la vendetta, explique suffisamment la criminalité violente de cette nation. Mais il m'en coûte de ne parler de M. Garofalo que pour le contredire ; et je profite de cette occasion pour louer la hauteur judicieuse de vues qui est remarquable dans son ouvrage.

qu'il n'a rien négligé pour lui prêter toute la précision et la solidité désirables. Traçant sur une mappemonde quatre ou cinq des principales lignes isothermes entre la zone torride et la zone glacée, il montre ou s'efforce de montrer que chaque couple d'entre elles enserre, ou même que chacune d'elles relie à très peu près les diverses grandes capitales où se concentrait et d'où rayonnait la civilisation à une même époque de l'histoire [1], et que l'ordre de succession de ces époques, de ces foyers civilisateurs tour à tour allumés et consumés est précisément donné par la superposition de ces lignes à partir des tropiques. Sur le même isotherme, à la plus ancienne période connue, nous voyons fleurir Memphis et Babylone ; plus haut, Ninive, Tyr, Athènes, les premières villes chinoises, Nan-King et Hang-tchéou-fou ; plus haut, Rome ; plus haut, Constantinople, Cordoue, Venise ; enfin, dans la zone tempérée de nos jours, Londres, Paris, Berlin, Vienne, ajoutons Pékin. Au delà « s'étend une zone qui comprend les parties civilisées de la Scandinavie et de la Russie, pays les derniers arrivés à la vie européenne. » Dans le détail, c'est surtout la carte isothermique du bassin de la Méditerranée qui paraît confirmer la loi. Il y a cependant des objections ; par exemple, l'histoire de la civilisation égyptienne qui s'est développée du Nord au Sud, de Memphis à Thèbes, contrairement à la direction générale. A cela, l'auteur ne répond rien [2], ou presque rien. Il est plus heureux à l'égard d'une difficulté non moins grave que soulève la marche des civilisations américaines antérieures à la conquête. Ici, la civilisation née du reste dans la zone torride aussi bien que dans l'ancien monde, c'est-à-dire au Guatemala, au Yucatan, à Tabasco, passe plus tard à des territoires plus rapprochés encore et non plus éloignés de l'équateur, à Mexico, à Bogota, à Cuzco, à Quito [3]. Mais on nous fait judicieuse-

[1] Voir les figures tracées p. 223 et p. 226.
[2] Voir la note de la p. 216.
[3] L'objection, il est vrai, serait tout autrement insurmontable, si

ment remarquer que le progrès en altitude a dispensé ici du progrès en latitude, et que cela revient au même sous le rapport thermal. Les civilisations mexicaine et péruvienne ont eu pour siége des plateaux de 2 à 3,000 mètres au moins d'élévation, où la température moyenne était de 15 à 16 degrés. Cette exception « à la direction et au sens général du déplacement de la civilisation ne fait donc que confirmer la généralité de la loi thermique. » Et l'auteur se croit autorisé à conclure « qu'il y a une relation constante, nécessaire, entre le développement successif des civilisations dans le temps et la marche des isothermes à la surface de la terre. »

Cela est spécieux de précision en matière si vague habituellement. Mais, tout en faisant sa part à cette généralisation un peu hâtive, il faut, je crois, avec tous les égards dus à une œuvre de mérite et de savoir, la remettre à sa place. N'en serait-il pas de cette direction septentrionale de la civilisation comme de sa direction occidentale, dont il a été aussi beaucoup parlé ? Longtemps, en même temps qu'elle allait du Sud au Nord, la lampe du genre humain a été de l'Est à l'Ouest, et cette autre orientation a été jugée non moins fatale, jusqu'aux temps modernes où, ayant atteint la France et l'Angleterre dans cette voie, elle s'est mise à rétrograder vers l'Allemagne et la Russie, vers ses sources même, l'Italie, la Grèce, l'Inde enfin et le Japon. Il est vrai que l'Amérique, qui est l'Extrême-Occident pour nous, et où la civilisation venue de l'Est se propage sur son propre territoire de l'Est à l'Ouest, peut être citée comme une confirmation éclatante de la tendance dont il s'agit. Mais que prouve ce mouvement opposé au précédent, et simultané, sinon qu'un type quelconque de civilisation, quand il s'est fixé et organisé quelque part sous la forme d'une grande cité florissante, aspire à se

l'on admettait avec divers américanistes (V. l'ouvrage de M. de Nadaillac, p. 263) que l'Amérique a été primitivement civilisée du Nord au Midi.

répandre, à s'essaimer de tous côtés, vers tous les points cardinaux, soit par ces colonisations extérieures et intermittentes que l'on remarque seules, soit par ces colonisations intérieures et constantes qu'on appelle la fondation de nouvelles villes, la transformation de bourgs en cités, l'assimilation à la capitale de toutes les cités et de tous les bourgs déjà existants ; en un mot, par la vertu de l'imitation sans cesse agissante dans le sein des sociétés ? Prenez n'importe laquelle des anciennes cités placées sur vos isothermes, Tyr, Babylone, Athènes ; c'est toujours en tous sens qu'elle s'est efforcée de rayonner et de conquérir et qu'elle a effectivement rayonné et conquis. S'il est arrivé le plus souvent que, dans toutes ces directions, sauf celle du Nord-Ouest, ses rayons extérieurs ont rencontré des obstacles qui l'ont empêchée d'allumer de nouveaux flambeaux, cela tient à des circonstances accidentelles sans doute, puisqu'elles disparaissent dans notre siècle; et, de même que, pour la lumière mêmepolarisée, la polarisation est un accident, le rayonnement omnilatéral la loi et l'essence, de même pour la civilisation la marche linéaire, étroite et forcée momentanément, ne doit pas nous masquer l'ambition infinie, universellement rayonnante, qui est son âme et la force essentielle de l'histoire. La vérité de ce point de vue éclate enfin de nos jours, où ce n'est pas de l'Ouest à l'Est seulement que la civilisation rétrograde tout en poursuivant ses progrès en sens inverse, notamment vers la Russie à travers l'Allemagne et à partir de la France ou de l'Angleterre, mais encore du Nord au Sud tout en se poussant au Nord le plus possible; témoin l'Inde anglaise et Java, l'Australie et toute la côte méditerranéenne de l'Afrique, y compris l'Égypte, qui s'européanise à vue d'œil. Par cette ramification de tous les côtés à la fois, notre civilisation finale reproduit le caractère propre, selon toutes les probabilités, aux primitives civilisations, et d'abord aux premières langues qui se sont dispersées dans toutes les directions avec les premières mythologies, allant notamment du Nord au Sud dans toute une grande partie du monde. Je veux parler de l'Océanie, qu'un rayon détaché du génie asiatique éclaira, île par île, dans cette longue odyssée de pirogues et de sauvages que M. de Quatrefages nous a si bien racontée. — M. Mougeolle semble croire que la prochaine floraison de grandes cités destinées à faire oublier Paris, Londres et Berlin, aura lieu sur un isotherme plus froid encore ou moins tempéré que le nôtre, conformément à sa loi. A ce compte, la civilisation n'atteindrait-elle un jour son zénith qu'au pôle Nord? Non, selon toutes les apparences, ce n'est point au Spitzberg ou au Groenland que la Russie trouvera sa nouvelle capitale, propre à éclipser Saint-Pétersbourg; ce sera sur les bords du Bosphore; et l'on dirait à bien des signes que l'avenir ménage à nos neveux ce beau miracle, la résurrection, le refleurissement urbain, après une longue mort, de l'Orient et du Midi. — Au demeurant, rien de plus simple que l'espèce de nécessité momentanée à laquelle la civilisation ou plutôt les civilisations ont obéi en se dirigeant au Nord pendant si longtemps. En effet, elles devaient naître dans les régions chaudes, sous les tropiques, là où des ressources naturelles plus abondamment offertes à l'homme lui laissaient des loisirs plus nombreux, et où une faune et une flore plus riches exaltaient sa curiosité. Malgré le proverbe : « nécessité, mère de l'industrie, » la beauté des spectacles, propre aux pays chauds, et non l'intensité des besoins, propre aux pays froids, a pu seule au début éveiller l'imagination humaine, si l'on en juge par le caractère esthétique de ses premières créations, langues et mythologies, d'où toute industrie procède indirectement. Mais, contagieux par nature, le génie humain ne pouvait rester enfermé dans son berceau tropical; forcé d'en sortir pour se conformer à sa propre loi, il a abordé naturellement des terres de plus en plus froides, d'autant mieux que les inventions déjà faites dans un climat favorisé permettaient à l'homme de s'adapter aux conditions de climats plus rudes ou plus inégaux. Par exemple, selon toutes probabilités, les inventions relatives au vêtement ou à l'habitation, tissage et couture, briqueterie et architecture, qui seules ont rendu possible le séjour de l'homme dans les terres tempérées, ont pris naissance dans les pays chauds, où à la rigueur on eût pu s'en passer. Il n'est pas surprenant d'ailleurs que chacune de ces transplantations ait été marquée par un progrès, si l'on songe qu'en tout organisme la perfectibilité est le privilége de la jeunesse. En tout cas, il est permis de croire que le déclin presque fatal, au moins relatif, de la civilisation aux lieux où elle a longtemps fleuri, et son expatriation presque forcée, ont des causes avant tout sociales, entre autres, par exemple, le haut prix, toujours croissant, finalement abusif, des terres dans les pays où la population, en se civilisant, se condense. Ce qui se passe de nos jours, la concurrence victorieuse des terres américaines, contre laquelle ne sauraient lutter les propriétaires du vieux continent européen, condamné dès lors à une ruine inévitable dans un temps donné, a dû se passer souvent jadis, même dans le plus lointain passé, sur une échelle plus réduite. Ajoutons-y l'épuisement du sol et l'épuisement de la race.

Soyons plus précis. Dans ses belles leçons sur *l'Expansion de l'Angleterre*, Seeley montre à merveille que la marche de la civilisation européenne vers l'Ouest, à partir du seizième siècle, a pour cause principale, notamment, la découverte du nouveau monde, d'où résulte l'attraction de l'ancien monde sur le nouveau. L'Italie alors décline parce que l'Océan, comme grande voie commerciale, se substitue naturellement à la Méditerranée; et l'activité, la vie, la prospérité passent par suite aux États riverains de l'Atlantique, à l'Espagne, au Portugal, à la France maritime du Nord et de l'Ouest, à la Hollande, à l'Angleterre, comme auparavant elles avaient été, depuis une antiquité fabuleuse, le privilége réputé éternel des peuples baignés par la Méditerranée : Égypte, Phénicie, Asie-Mineure, Carthage, Grèce, Empire romain, Espagne méridionale sous les Arabes, Provence, Républiques italiennes. Il y a tout lieu de croire que, sans le succès inouï des grands navigateurs du quinzième siècle, rendu possible uniquement par l'invention de la boussole, la richesse et la haute culture seraient restées indéfiniment attachées aux rives méditerranéennes. De la sorte, donc, s'explique la marche occidentale de la civilisation depuis trois siècles. Mais auparavant c'était bien de l'Est à l'Ouest, aussi bien qu'en sens inverse, comme de nos jours, qu'elle avait marché : de Rome à Constantinople, par exemple, des Arabes d'Espagne à toute la chrétienté. — Quant au mouvement de la civilisation vers le Nord, simultanément, c'est aussi une attraction spéciale, née d'initiatives individuelles, qui en rend compte, ajoutée aux causes ci-dessus : à savoir, l'attraction du Nord, inculte et brave, par le Midi, plus civilisé et militairement affaibli. De là les invasions ou les infiltrations des Barbares dans l'Empire romain, le déchaînement du Nord sur le Midi de la France sous prétexte d'hérésie albigeoise, les expéditions françaises en Italie depuis Charles VIII ; ajoutons les croisades. La proie ici a civilisé le chasseur, tandis que l'attrait et la conquête de l'Amérique ont produit l'effet contraire; mais, au point de vue du rayonnement civilisateur, cela revient au même. En ce qui concerne les croisades, l'attraction du paradis à gagner corroborait celle de l'Orient à conquérir. N'importe ; toutes ces attractions-là étaient simplement des polarisations, je le répète, des polarisations momentanées et, malgré leur longue durée, accidentelles, de la lumière civilisatrice.

Telles sont les considérations d'où je me permets de conclure, en résumé, que la moindre criminalité violente des pays septentrionaux tient à un fait social, la direction longtemps septentrionale de la civilisation, et que ce fait lui même a une cause sociale, la force de propagation imitative dans tous les sens. Si, en Italie, la différence entre les provinces du Nord et celles du Midi, au point de vue des crimes de sang, est fortement tranchée, tandis qu'en France elle est presque insensible, n'est-ce pas précisément parce que les causes d'ordre social ont plus longtemps et plus profondément remué notre pays dans les temps modernes, comme le prouve le degré exceptionnel d'assimilation et d'unification nationale réalisé par lui ?

J'oubliais un argument *a fortiori* qui a peut-être sa valeur. Je ne vois pas pourquoi le crime, plutôt que la folie et le génie, dépendrait de causes naturelles avant tout et non sociales. S'il est démontré, par la statistique notamment, que le génie et la folie sont des suites d'états sociaux, nous devons croire à plus forte raison que le crime s'explique de même. Je dis à plus forte raison, puisque, de ces trois anomalies, les deux premières nous rendent étrangers au milieu social et la troisième nous met en lutte avec lui ; celle-ci dépend donc bien plus de lui que les autres. — Or, pour la folie, il n'y a pas de contestation possible : la statistique, qui révèle sa progression parallèlement à celle d'influences sociales bien déterminées (vie urbaine, instruction, célibat, etc.), est d'une éloquence irréfutable. Quant au génie, scientifique par exemple, qu'on lise l'ouvrage de M. de Candolle à ce sujet. Il nous apprend, par le relevé des associés ou correspondants étrangers qui ont été élus par diverses sociétés savantes depuis deux siècles, classés d'après leur nationalité, leur religion, leur profession ou leur caste, « qu'une grande diversité de causes influe sur la production des savants distingués, et que les causes morales (ajoutons, pour compléter sa pensée, sociales) ont plus d'importance que les causes matérielles. » L'exemple de la Suisse est merveilleusement propre à faire ressortir cette vérité. Ce petit pays, dans son ensemble, a fourni un chiffre de savants de génie très supérieur à celui que sa faible population devait faire attendre ; et, dans les cantons protestants, la proportion s'élève à un point extraordinaire. Pourquoi ? Parce que les conditions sociales qui favorisent le développement scientifique original, conditions précisées et soigneusement cataloguées par M. de Candolle, se sont trouvées réunies en Suisse à un degré exceptionnel, surtout dans les régions protestantes. — Est-ce à dire que le génie ne soit pas un don de nature, ni la folie un malheur naturel ? Non. C'est du sein de la race, aidée du climat, qu'éclosent sans nul doute les candidatures au génie, ajoutons à la folie et au crime. Mais c'est la société qui choisit les candidats et les consacre, et, puisque nous voyons qu'elle pousse de la sorte les uns aux académies ou aux hospices d'aliénés, nous ne devons pas être surpris qu'elle détermine l'entrée des autres au bagne.

II

HOMICIDE ET SUICIDE

Une question qui se rattache à la précédente est celle de savoir s'il est vrai, comme le prétendent les écrivains les plus autorisés, notamment Ferri et Morselli, que la marche du suicide soit inverse de celle de l'homicide, et que l'un, en tout pays et en tout temps, serve en quelque sorte de complément ou de contre-poids à l'autre[1]. Je m'étais permis, à propos de l'*Omicidio-suicidio* de Ferri, d'émettre des doutes motivés à ce sujet. Cet auteur, avec lequel d'ailleurs mon désaccord est peut-être plus apparent que réel ou plus superficiel que profond, m'a répondu dans la seconde édition de sa brochure (p. 112-120) en dressant un tableau graphique des plus instructifs où tous les

[1] Ce n'est pas que la thèse contraire n'ait été soutenue, mais à une époque déjà ancienne. Cazauvieilh, en 1840, a cherché à établir, paraît-il, que le nombre des suicides et celui des crimes violents ont toujours progressé ou décru ensemble.

éléments du problème se trouvent résumés. État par État, la courbe de l'homicide y est opposée à celle du suicide pour toute la période embrassée par les statistiques. — Eh bien, plus j'étudie cette planche, moins je suis disposé à admettre la thèse dont elle est censée être la justification. J'y vois bien, à la vérité, en comparant dans le détail les courbes accouplées deux à deux, que, assez souvent, les années où l'une monte, l'autre descend, et *vice versa;* le fait même est frappant par sa constance en ce qui concerne l'Irlande et, dans l'ensemble, suffit à expliquer la généralisation que je combats. Mais, d'abord, il y a de nombreuses exceptions. Pour l'Italie, par exemple, où les courbes sont d'ailleurs trop brèves pour pouvoir être utilement comparées, la dépression de la courbe-homicide en 1868 coïncide avec une dépression, et non un relèvement, de la courbe-suicide. Pour l'Angleterre, de 1857 à 1859, de 1870 à 1874, les deux sont plutôt parallèles qu'inverses; de même pour la Belgique, de 1851 à 1855, de 1861 à 1864. La Prusse, à partir de 1865, offre aussi beaucoup de parallélisme dans ses courbes, toutes deux montantes[1]. Quant à la France, la courbe de l'homicide, horizontale et à peine dentelée, correspond en général et ne s'oppose nullement aux accidents plus accentués de la courbe du suicide, fortement ascendante. Ajoutons que la carte du suicide par département français, si on la compare à la carte des homicides, ne présente dans l'ensemble aucun rapport inverse avec celle-ci. La coïncidence de ces deux résultats, l'un relatif au temps, l'autre à l'espace, est significative.

Je dois reconnaître pourtant que, en ce qui concerne

[1] La Prusse est un des rares États civilisés où l'homicide est en voie d'accroissement notable, malgré les progrès de sa culture. C'est peut-être une conséquence de cet équilibre social européen (substitué à l'ancien équilibre politique) qui tend à établir le niveau de la criminalité entre les nations de civilisation égale. La Prusse, en effet, a encore quelques pas à faire dans la même voie meurtrière pour atteindre au niveau de la France, par exemple.

l'Irlande, l'inversion signalée est vraiment digne de remarque. Ce n'est pas qu'elle soit complète : les deux courbes montent, seulement l'une un peu, l'autre beaucoup. La côte la plus raide est celle de l'homicide, singularité unique qui suffit à nous révéler la situation tout à fait à part de ce malheureux pays, où la misère est si grande et la haine mutuelle si exaltée, qu'une quote-part annuelle de la population y est condamnée à sortir par l'une de ces trois portes, l'émigration, le suicide ou le meurtre. Si l'une se resserre, les autres doivent s'élargir d'autant. Quoi qu'il en soit d'ailleurs, cette exception insulaire ne me paraît pas tirer à conséquence.

En second lieu, s'il y avait réellement entre l'homicide et le suicide la corrélation compensatoire qu'on imagine, on verrait l'un baisser en général dans l'ensemble des États civilisés, à peu près aussi rapidement que l'autre s'élève. Mais on sait que l'homicide est, ou peu s'en faut, stationnaire, pendant que le suicide grandit avec une rapidité et une régularité effrayantes, qui attestent l'action d'une cause exclusivement propre au triste phénomène en question, et d'une cause d'ordre social. En cela, et par bien d'autres traits, la marche du suicide est analogue à celle de la folie. A vrai dire, il y a les mêmes raisons statistiques d'établir entre la folie elle-même et l'homicide la relation indiquée. Mais, poussée à cet excès, la thèse montre sa faiblesse. Que signifierait ce rapprochement? Que la démence est une soupape de sûreté contre le crime ? Il serait étrange que cette soupape de sûreté involontaire se développât du même pas et de la même manière que le suicide, exutoire volontaire en grande partie, avec lequel elle ferait double emploi.

Poursuivons. Si l'inversion imaginée était réelle, on ne verrait pas certaines causes, notamment la température, influencer l'homicide et le suicide dans le même sens. Le retour de la saison chaude, le printemps, marque également le maximum des deux. La progression à l'homicide comme au suicide va de même en augmentant au cours de l'âge, jusqu'à trente ou quarante ans ; puis, le penchant au crime diminue, il est vrai, tandis que la tendance au meurtre de soi-même ne cesse de croître jusqu'à l'âge le plus avancé. Les femmes donnent à la fois, comme le fait observer M. Colajanni, le minimum d'homicides et le minimum de suicides. Le même auteur remarque avec non moins de justesse que les Juifs atteignent aussi ce double minimum. Enfin, l'influence du mariage agit ou paraît agir sur ces deux forces redoutables en les affaiblissant simultanément, au lieu de stimuler l'une et d'entraver l'autre.

A propos de l'influence des saisons et de l'*heure de la journée,* je ferai remarquer incidemment que l'action physique pourrait bien recouvrir ici et masquer une action sociale. Le maximum des suicides a lieu non pas à midi, mais dans les heures *les plus affairées* de l'après-midi, le minimun à minuit. La lumière et la chaleur sont pour peu de chose sans doute dans ce résultat. Le maximum tombe également, non pas dans les mois les plus chauds, mais en mai ; le minimun en novembre. Constamment, en outre, la courbe annuelle des suicides est accidentée par un relèvement momentané en janvier, fait inexplicable autrement que par l'intervention d'un *facteur social,* l'échéance de fin décembre à affronter et le cap du 1er janvier à franchir. Supposez que l'année *sociale* commence le 1er avril et non le 1er janvier, l'accident de la courbe en question sera certainement déplacé. Le pendant de ce petit phénomène nous est offert par la courbe annuelle des infanticides, où nous voyons une élévation brusque se produire neuf mois après le carnaval, en novembre. S'il eût plu aux organisateurs de notre religion de placer le carême en octobre et non en mars, la silhouette de ce tracé serait donc différente. — La statistique montre de plus la part toujours croissante des influences sociales et l'amoindrissement relatif des influences physiques ou vitales, au cours de la civilisation. En ce qui concerne le suicide, par exemple, la distance entre le maximum et le minimum dont je parlais tout à l'heure va s'atténuant, du moins en France, c'est-à-dire qu'on se tue proportionnellement plus en hiver maintenant qu'autrefois, et moins en été. Dans les grandes villes, cet écart est plus faible que dans les campagnes. Il est plus fort en Italie qu'en France. De toutes les influences d'ordre naturel, la seule qui, au lieu de s'effacer, s'accuse davantage au cours de la civilisation, c'est celle du sexe. La différence numérique entre les suicides masculins et féminins est d'autant plus forte qu'il s'agit de nations ou de classes plus civilisées. Par exemple, en France, les femmes de la ville ne fournissent que les 18 centièmes du chiffre total, pendant que les femmes de campagne donnent 20 centièmes. Il en est de même en Italie, en Prusse, en Suède, en Norvège, en Danemark. La civilisation ne tend donc nullement à égaliser les sexes. C'est qu'elle est, je crois, chose essentiellement masculine; et voilà peut-être pourquoi, soit dit en passant, elle est au fond si antipathique à ceux qui en profitent le plus, aux poètes, aux artistes, à tous les esprits essentiellement « femmelins » tels que Rousseau et Chateaubriand.

Legoyt, dans son consciencieux ouvrage établit (p. 258) entre le suicide et l'émigration une inversion tout autrement intelligible que la précédente. En Danemarck, le suicide diminue année par année à mesure que l'émigration augmente, l'émigration est très forte en Angleterre, le suicide très faible. En France, c'est justement l'opposé. En Allemagne, l'accroissement exceptionnel des suicides, de 1872 à 1878, a coïncidé avec la diminution progressive de l'émigration. Voilà, par exemple, une corrélation facile à comprendre. Un rapport inverse, non fortuit, ne saurait exister, en effet, dans la vie sociale, qu'entre deux courants d'activités complémentaires l'un de l'autre, c'est-à-dire répondant à un même besoin par des voies différentes. Qu'un malheureux à bout de privations ou de tourments émigre pour ne pas se tuer, ou se tue faute de pouvoir émigrer, rien de plus intelligible. Mais quel serait le besoin commun auquel l'homicide et le suicide donneraient satisfaction ? Serait-ce le besoin, éprouvé par on ne sait qui, de voir un certain nombre prédéterminé de gens périr soit de leur main, soit de la main d'autrui ?

Dans une nation où, par hypothèse, les instincts criminels resteraient d'égale force, il y aurait sans nul doute entre les diverses branches du crime et du délit, par exemple entre l'assassinat, le vol, l'escroquerie et l'attentat aux mœurs, une étroite solidarité, telle que l'accroissement de l'une serait immédiatement compensé par la diminution proportionnelle de toutes les autres. Pourquoi ? Parce que non seulement tous les genres de méfaits sont puisés à la même source immorale répartie entre eux, mais encore le but poursuivi est, dans un sens large, le même pour tous. L'assassin, comme le voleur, l'escroc ou le vieux satyre, poursuit ou une jouissance illicite ou un moyen illicite de jouissances. Les procédés diffèrent seulement : l'assassin tue, le voleur escalade une fenêtre ou brise un carreau de vitre, le *stuprator* viole un enfant. A ce point de vue, on doit regarder le vol, l'escroquerie, le faux, l'abus de confiance, le viol même et l'attentat à la pudeur comme les vraies soupapes de sûreté contre le meurtre et l'assassinat. Autrement dit, si les occasions de voler, d'escroquer, de contrefaire des signatures, de violer, devenaient tout à coup plus rares et plus difficiles dans une nation donnée, il est probable qu'on y assassinerait davantage. Réciproquement, si ces occasions se multipliaient subitement, on y assassinerait moins. Il en serait ainsi, parce que, ce changement dans les conditions sociales étant brusque, la force des tendances criminelles devrait être considérée comme étant restée égale à elle-même. Mais, quand cette transformation s'opère avec lenteur, l'énergie de criminalité a eu le temps de grandir, ce qui masque le jeu des soupapes de sûreté dont il s'agit.

De nos jours, par exemple, on assassine en France et en Europe à peu près autant qu'il y a un demi-siècle, malgré la facilité plus grande qu'on a aujourd'hui de prendre le bien d'autrui et de se procurer toutes sortes de plaisirs par mille recettes variées, réclames mensongères, sociétés anonymes, chantages, et autres inventions nouvelles qui ont fait reléguer au rang des antiques armures, par les criminels d'esprit, les extorsions violentes, les moyens salissants, à l'usage des Lacenaire et des Cartouche. D'où l'on peut tirer la conclusion suivante : puisque le grossissement, le débordement incessant de ces canaux dérivatifs de la grande criminalité, qu'on appelle le vol, l'escroquerie, les fraudes commerciales, les délits contre les mœurs, n'a point suffi à faire baisser le niveau numérique du courant principal, qu'on appelle les crimes contre les personnes, c'est que le fleuve est devenu plus fort ; c'est que le mépris de la vie d'autrui, l'insensibilité aux souffrances d'autrui, l'égoïsme sinon la cruauté, quoi qu'en disent les optimistes, ont fait de réels progrès. Puisse la première grande crise, qui débridera le fond des cœurs, démentir ce raisonnement !

Quand au suicidé, peut-on dire que son but a la moindre analogie avec celui du meurtrier ? Pourquoi pas aussi bien avec celui du voleur ? La vérité est que le suicide est une des formes du désespoir intolérable, comme l'homicide est une des formes de l'égoïsme insociable. Or le développement de l'égoïsme et celui du désespoir ne sont point solidaires, et l'un peut grandir sans que l'autre diminue. Mais les diverses formes que chacun d'eux peut revêtir au cours du progrès social sont solidaires entre elles, comme je viens de le montrer en ce qui concerne l'égoïsme criminel. Pour le désespoir, il en est de même. La progression des suicides, en effet, dans tous les États civilisés, suffit-elle à prouver que la civilisation a alourdi le faix de la désespérance humaine? Non, pas plus que l'abaissement de la grande criminalité, là où il n'est point factice, ne donne lieu de croire à une réelle moralisation, si la délictuosité s'est élevée dans une proportion égale. Écartons cette double erreur, épargnons à la civilisation cet excès d'honneur et cette indignité. Il se trouve qu'en général, par les deux transformations indépendantes qu'elle exerce sur le crime et sur le malheur, elle tend à faire prévaloir les formes non sanguinaires du crime et les formes sanglantes du malheur. C'est un fait accidentel qui tient peut-être au caractère industriel et antichrétien de notre civilisation européenne. Supposez un type de civilisation essentiellement religieux et artistique, faiblement industriel, tel que celui de la renaissance italienne, il se pourra fort bien que son action, à l'inverse, déchaîne les élans d'orgueil, de vengeance, de passion violente, et réprime les accès, même courageux, de découragement, multiplie les meurtres et raréfie les suicides. On y verra, en effet, ceux qui se tuent à présent entrer au cloître et y poursuivre le nirvâna ou l'étincelle de *syndérèse*, de même qu'on voit ceux qui se seraient jadis ensevelis dans une cellule se donner maintenant la mort. Il fut un temps où, à l'oppression de la douleur, à l'accablement de la honte, le seul asile ouvert, permis par la religion et les mœurs, était la porte du monastère. Aujourd'hui, à mesure que celle-ci va se fermant, une autre s'ouvre, noir refuge, mais profond. Voilà pourquoi les suicides augmentent dans les sociétés qui se civilisent à l'européenne, ou plutôt qui s'émancipent du frein religieux; ce n'est point parce que les homicides n'y augmentent pas, c'est parce que les vocations religieuses y diminuent. Cette considération, mieux que toute influence de climat, peut servir à expliquer la rareté des morts volontaires dans les pays méridionaux où la religion a le moins perdu de son empire. Le suicide est remarquablement rare, comme l'observe Morselli (p. 360), parmi les personnes consacrées au culte. N'oublions pas que, dans l'antiquité, les Romains se suicidaient souvent, et que ce fléau de la mort volontaire aurait pu passer pour endémique alors en Italie, où il est à présent bien moins intense qu'ailleurs. Mais le polythéisme antique permettait le suicide, et le christianisme le défend. L'Angleterre a beau être très civilisée, de sang germain, et comparable en outre sous bien des rapports à l'Empire romain, il lui suffit d'être restée très chrétienne de mœurs pour ne prendre part que faiblement à la maladie régnante.

La progression des suicides est, depuis notre siècle, constante, rapide, générale dans tous les États européens, sauf en Norvège. Est-ce à des causes d'ordre physique ou physiologique qu'on peut attribuer ce phénomène ? Évidemment non. Les climats, ni les races n'ont changé sensiblement. Sans doute la différence de race est, après la différence de religion, une excellente explication superficielle de la part différente que prennent à la progression d'ensemble les diverses nations européennes appartenant d'ailleurs au même culte. Les Allemands surtout les Saxons, sont très portés au suicide, les Flamands assez peu, les Slaves encore moins, les Celtes presque pas; et d'ailleurs parmi eux les catholiques présentent une immunité plus accusée que les protestants. Encore faut-il noter, pour resserrer encore plus l'influence physiologique, que, parmi les peuples scandinaves, le Danemark, exceptionnellement, se signale par une très forte propension au suicide. Il est vrai qu'à New-York la population de couleur donne une proportion de morts volontaires 15 ou 16 fois moindre que celle des blancs, et ici l'influence de la race semble énorme, à moins qu'on n'aime mieux y voir avec moi l'effet de notre vieux passé de civilisation devenue constitutionnelle. En tout cas, à quelque race qu'il appartienne, l'homme qui s'échappe de la vie « ne se serait jamais suicidé, dit Morselli avec raison, s'il avait vécu loin des autres hommes et s'il n'avait participé aux misères de ses semblables. » Ce passage de l'éminent statisticien suffirait à justifier, contre Morselli lui-même, mon point de vue essentiellement sociologique, et à montrer que, tout en reconnaissant la réalité et l'énergie des influences naturelles, il n'est point permis de les mettre sur la même ligne que les influences sociales. En effet, les premières n'agissent que si les secondes interviennent. Dans l'homme isolé, soustrait, par hypothèse, au contact d'autrui, les causes naturelles qui poussent à la destruction de soi continueraient d'agir, mais en vain. Elles prendraient un autre cours. Si faible que soit l'action sociale, comparée aux actions physiques ou physiologiques, elle est déterminante parce qu'elle est immédiate. C'est le mouvement léger du bras de l'aiguilleur et non l'effort puissant de la vapeur qui détermine le passage du train sur la voie où il s'engage. Mais autre chose est la contribution proportionelle de chaque peuple à l'envahissement d'une maladie, autre chose est cet envahissement même, cette marche en avant. A cette question : pourquoi le suicide est-il partout, ou presque partout en progrès, quoique plus ou moins suivant les races? on ne peut répondre qu'en invoquant des causes d'ordre social. — Mais, parmi celles-ci, les causes économiques n'ont pu jouer qu'un faible rôle, s'il est vrai que le bien-être et l'aisance se sont répandus et ont progressé en même temps que cette grande épidémie meurtrière. Les causes politiques doivent également être éliminées, comme le prouve la marche régulière du fléau à travers les périodes de calme ou de crise. Il ne reste que les causes proprement sociales, les causes viscérales en quelque sorte, qui constituent la vie végétative, sans trouble et sans intermittence, des sociétés. Toutes les fois que nous nous trouvons en présence d'une série statistique régulièrement ascendante, soyons sûrs qu'elle nous traduit une propagation imitative, une contagion mentale et morale d'homme à homme, c'est-à-dire ici la diffusion graduelle d'idées nouvelles qui se superposent et se substituent aux anciennes croyances. — On s'explique de la sorte la fréquence plus grande du suicide, non seulement dans les pays septentrionaux plus *modernisés*, comparés aux pays méridionaux plus attachés à la tradition, mais encore dans les classes supérieures, plus éclairées, comparées aux classes populaires, plus malheureuses pourtant, et dans les milieux urbains comparés aux campagnes.

Rien de plus simple alors que de comprendre une corrélation aperçue avec sagacité, mais non sans surprise, par M. Jacques Bertillon dans sa belle *Étude démographique sur le divorce et la séparation de corps*[1]. Après avoir constaté que ces procès de famille vont se multipliant dans toute l'Europe, il cherche la raison de cet accroissement, et, en bon statisticien, il confronte tour à tour les résultats numériques de son examen, fournis par la comparaison des races, des classes, des âges, des époques, avec plusieurs autres catégories de chiffres, destinés à éclairer les premiers, par exemple avec ceux qui expriment l'émigration des campagnes vers les villes, ou la fréquence des mariages, ou la proportion des enfants naturels. Mais nulle part n'apparaît entre ces données une relation quelconque, si vraisemblable qu'elle pût paraître. Un seul rapprochement a mis en lumière une concordance des plus imprévues à coup sûr. La carte des divorces et celle des suicides présentent « une ressemblance frappante. » Les mêmes influences agissent de la même façon sur ces deux phénomènes, si étrangers l'un à l'autre. Ils sont pareillement plus fréquents dans les villes qu'aux champs, dans les classes instruites qu'au sein de la population inculte, chez les Allemands que chez les Slaves, etc. « Il n'est pas jusqu'à cette exception bizarre que le Danemark présente au milieu des quatre peuples scandinaves, qui ne se retrouve pour les divorces comme pour les suicides. » Un tableau fait voir que[2] les pays où l'on compte peu, beaucoup, énormément de suicides par rapport au chiffre

[1] *Annales de Démographie*, fascicule de septembre 1882.

[2] « Sauf deux exceptions, » dit M. Bertillon. Mais, à les examiner de près avec lui-même, on s'aperçoit que ces exceptions sont purement apparentes et rentrent dans la règle.

de leur population, sont aussi ceux où l'on compte peu, beaucoup, énormément de divorces et de séparations de corps. La règle « se vérifie avec plus de rigueur lorsqu'on compare entre elles les différentes parties d'un même pays, » par exemple les cantons de la Suisse et les départements français. « Toujours les cantons (suisses) qui comptent beaucoup de divorces comptent beaucoup de suicides. » Et, réciproquement, ceux qui comptent peu de divorces comptent peu de suicides[1]. « Dans le Sud de la France, les séparations de corps sont rares; rares aussi sont les suicides. Au Nord de la Loire, les séparations sont fréquentes; fréquents aussi les suicides. Mais, dans le Nord, la Bretagne, la Flandre et l'Artois font exception et comptent peu de séparations. Mêmes exceptions pour les suicides! Ces deux cartes se ressemblent, *même dans leurs détails*. »

C'est singulier; d'autant mieux que, la carte et la courbe du divorce étant calquées sur celle du suicide, le rapport inverse imaginé entre l'homicide et le suicide devrait exister tout aussi bien entre l'homicide et le divorce. Le divorce se trouverait donc être lui-même le substitut de l'homicide! Quelle bizarrerie!

Distinguons cependant, pour le divorce, comme plus haut pour le suicide, entre les causes qui expliquent la participation différente de divers pays ou des diverses classes à l'accroissement numérique, et les causes qui rendent compte de cet accroissement lui-même. D'une part, en ce qui a trait au premier aspect du problème, nous ne devons pas être surpris de voir les différentes conditions héréditaires ou traditionnelles, vitales ou nationales, se traduire à la fois et pareillement par la différente intensité du besoin d'affranchissement, qu'il s'agisse de

[1] « Et les différences ne sont pas médiocres. Rappelons-nous, en effet, l'énorme distance qui sépare les cantons catholiques des cantons protestants, en sorte que la fréquence du divorce, qui est de cinq dans le Valais, par exemple, dépasse cent dans Schaffhouse. »

secouer le joug de la vie ou le joug du mariage. D'autre part, si j'ai eu raison d'expliquer comme je l'ai fait plus haut, du moins en grande partie, la marée montante des suicides, si elle tient vraiment dans une large mesure à l'affaiblissement graduel du frein religieux et des préjugés traditionnels, on ne doit pas être étonné de voir le divorce croître dans les contrées mêmes et dans les milieux où le suicide monte, puisque le mariage indissoluble et la vie inaliénable sont deux articles du même *Credo* que le libre examen d'abord, puis la libre pensée chaque jour rongent[1]. J'ajoute que ce point de vue est assez consolant : de même que la progression des suicides n'autorise peut-être pas à affirmer le progrès du désespoir, celle des séparations et des divorces pourrait bien ne pas suffire à prouver qu'on est devenu moins heureux en ménage.

Toutefois, le déclin de la foi et des préjugés n'explique pas à lui seul la marche ascendante du suicide, ni celle du divorce; il faut y joindre, je crois, deux autres causes, qui grandissent sous nos yeux, l'alcoolisme et la multiplicité des relations. L'alcoolisme est en progrès partout, et sa part dans le suicide est énorme, toujours croissante. Elle a augmenté, dit le rapport officiel de 1880, de 483 pour cent; en chiffres ronds, elle a quintuplé, pendant que l'influence de l'amour s'est fait sentir de moins en moins. Cette action de l'ivrognerie paraîtrait bien plus forte encore si, comme le fait observer Yvernès, « l'on y comprenait les suicides imputés à l'aliénation mentale et qui, en réalité, proviennent de l'abus des boissons. » Peut-on dire de suicides pareils que ce sont des homicides transformés? — Quant à la multiplication des rapports entre

[1] « Nous avons vu, dit M. Bertillon, l'*énorme influence* de la religion sur la fréquence du divorce. » Il ajoute, à la vérité: « elle agit dans le même sens sur le suicide, mais beaucoup plus faiblement. » Ce *beaucoup plus faiblement* est très contestable et s'appliquerait tout au plus à la part différente des divers pays dans la progression du suicide, mais non, je le répète, au fait même de cette progression.

les membres de nos sociétés civilisées, par suite des progrès de la locomotion et de la presse, elle a pour effet d'activer et de fortifier la contagion de l'exemple. — Il me semble que, par la combinaison de ces trois causes, on se rend parfaitement compte de tous les faits statistiques, notamment de la fréquence des suicides dans le Nord, où la consommation infiniment plus forte de l'alcool et l'émancipation plus complète des consciences concourent avec la densité plus grande de la population plus urbanisée.

A l'aide de ces trois clefs on résout aussi un problème des plus énigmatiques soulevé par le *suicide militaire*[1]. Comment se fait-il qu'en tout pays l'armée fournisse au Minotaure du suicide un tribut proportionnellement de beaucoup supérieur à celui du reste de la nation, très supérieur même à celui des milieux urbains qui excède déjà si fort le contingent des milieux ruraux ? Cela peut sembler étrange. Il n'est donc pas permis d'expliquer par l'extrême licence, par le relâchement de tout frein et de toute discipline qui règnent dans les villes, ni par la cherté plus grande de la vie, ni par l'hygiène plus mauvaise et les maladies plus nombreuses, le nombre considérable des suicides parmi les populations urbaines. En effet, l'armée, répétons-le, l'armée, qui est le corps le plus discipliné, le plus autoritaire, le mieux organisé de la nation, le plus sain et le plus valide aussi, puisqu'elle est un choix des hommes les plus robustes dans la fleur de l'âge ; le plus exempt de misère enfin, puisque la subsistance y est assurée ; l'armée donne, à cet égard, un spectacle pire encore que celui des grands centres. On ne dira pas, j'espère, que la loi d'inversion entre l'homicide et le suicide est applicable ici. S'il était vrai, comme on le suppose, que le meurtre d'autrui fût un préservatif contre le meurtre de soi-même et *vice versa*, il n'y aurait certainement rien de

[1] Voir sous ce titre une intéressante monographie du Dr Mesnier.

plus propre que la vie militaire, avec ses massacres obligatoires, légaux et patriotiques soit, mais non moins sanglants pour cela, à guérir l'homme civilisé du penchant fatal à se détruire. Or elle produit l'effet directement opposé. Dira-t-on que les guerres, après tout, sont rares, et que, lorsqu'elles éclatent, les suicides militaires précisément paraissent diminuer? Mais il en est sans nul doute de cette diminution comme de celle des délits en temps de révolution : les statisticiens savent bien que celle-ci est purement apparente. Même en temps de paix d'ailleurs, les duels et les rixes sanglantes ne sont-ils pas plus nombreux dans les casernes qu'au dehors? — On alléguerait en vain la dureté du service militaire : à mesure qu'il s'est adouci, le suicide militaire a sévi plus fort, et c'est surtout parmi les officiers qu'il exerce ses ravages. — Mais songeons à ce qu'est la caserne pour la grande majorité des conscrits, c'est-à-dire pour tous ceux qui viennent des champs et même pour une partie de ceux qui viennent des villes. Elle est d'abord une émancipation subite et puissante du préjugé religieux et traditionnel, comme l'a été pour l'enfant le collége. Par le fait même qu'elle doit imprimer dans l'âme du soldat une nouvelle religion *sui generis*, un nouveau point d'honneur tout militaire, elle doit commencer par le dépouiller de ses mœurs et de ses idées anciennes; *corpora non agunt nisi soluta*, disaient les vieux chimistes, toute combinaison est précédée d'une dissolution. En second lieu, ce n'est un mystère pour personne que les loisirs forcés de la vie du régiment favorisent les habitudes d'intempérance. Dans son village, le jeune paysan boit du vin le dimanche; sous les drapeaux, il boit de l'eau-de-vie tous les jours, et l'on sait si l'officier s'attable au café. Sur ce point, il est vrai, une amélioration sensible s'est produite depuis 1870 dans l'armée française; aussi faut-il observer que, dans ces dernières années, la proportion des suicides militaires a par degré diminué de moitié, résultat qui peut être dû pour une part à l'atténuation simultanée de la première cause précédente, le caractère émancipateur de la caserne s'effaçant à mesure que le reste de la nation, y compris les campagnes, est plus émancipé, et que le soldat mène dans notre société niveleuse une existence moins à part. — Enfin, s'il est un milieu où l'on se touche coude à coude, où, grâce à cette densité remarquable du corps social, la vie sociale se présente avec une intensité exceptionnelle, excessive même, où, par suite, l'action électrique de l'exemple se propage avec le plus de force et de rapidité, n'est-ce pas le milieu militaire? Là, il n'est pas d'acte de désespoir, comme il n'est pas d'acte d'héroïsme, qui ne trouve ses imitateurs.

Quoi qu'il en soit d'ailleurs de l'explication donnée par nous à la progression moderne des suicides, nous pouvons conclure qu'elle a des causes avant tout et de plus en plus sociales, qu'elle procède d'une évolution, d'une transformation historique, du désespoir, et que, par aucun lien direct, elle ne se rattache à la diminution proportionnelle de la criminalité contre les personnes comparée à la criminalité contre les biens.

III

AVENIR DU CRIME

Il est temps d'interpréter à son tour ce dernier fait général et d'aborder les problèmes qui s'y rattachent. Après avoir essayé de comprendre pourquoi *notre* civilisation fait prédominer les formes sanglantes du désespoir, demandons-nous pourquoi elle favorise et déploie de préférence les formes non sanglantes du délit, sans d'ailleurs combattre efficacement les autres, et si ce phénomène est l'accompagnement essentiel de toute civilisation en voie de progrès, ou seulement un caractère passager et secondaire de la nôtre. Voilà des questions d'une complexité vague, aussi difficiles à préciser qu'à résoudre.

S'il est vrai, comme on l'a dit, que l'âme humaine ait deux grands versants entre lesquels il faut que tout homme se décide, la pente abrupte de l'ambition et de l'orgueil, aux vertus meurtrières, et la molle pente de la volupté et de la vanité, aux charmes trompeurs, on pourrait croire que toute société, aussi bien que tout individu, a le choix entre ces deux orientations, vers la chimère de la gloire et les réalités du pouvoir autoritaire, ou vers le plaisir tangible et l'égalité apparente; on pourrait croire qu'il est loisible à tout peuple de se développer dans l'un ou l'autre de ces sens, dans le sens des caractères fiers et des convictions fortes ou des talents ingénieux et des idées séduisantes, des préjugés ou des fictions, des erreurs ou des mensonges, des belles haines de race, des beaux crimes de sang, des exploits et des vendettas, ou des convoitises, des envies, des industries et des cupidités. Mais l'histoire semble montrer plutôt que la loi de toute tribu grandissante, sortie de l'état sauvage, est de commencer par gravir le premier de ces deux versants jusqu'à un faîte plus ou moins élevé qui est son état proprement barbare, et, en se civilisant, de descendre ensuite le second plus ou moins vite, à travers des vicissitudes infinies. J'inclinerais donc à penser que, dans le passage de la sauvagerie primitive à la barbarie consécutive, il y a eu, sinon une profonde et complète démoralisation, comme le suppose M. de Candolle, qui invoque des vraisemblances sérieuses, du moins une forte poussée de cruauté et de bravoure à la fois, qui a dû multiplier les homicides. C'est donc, non dans le passé le plus reculé, mais dans l'âge héroïque d'un peuple qu'il faut placer l'apogée de sa criminalité violente ; et quand Lombroso nous dit que les crimes de sang sont un retour à l'état sauvage, nous devons lui accorder seulement qu'ils sont une réminiscence de la barbarie.

Maintenant dans le passage de la barbarie à la civilisation, une moralisation réelle a-t-elle lieu? M. de Candolle le croit, il y aurait fort à dire à ce sujet[1]. Tenons-nous-en à un réel adoucissement des mœurs, ce qui est une amélioration sociale, sinon morale, incontestable. Le fait est certain, malgré le stationnement numérique des assassinats, qui, dans notre siècle, ne paraissent pas diminuer beaucoup. En y regardant de près, on voit que, de nos jours, la criminalité violente, tout en se maintenant, se localise, se réfugie dans les bas-fonds des villes, cale infecte du vaisseau négrier de notre civilisation, sous-sol étranger au reste du bâtiment. Cela est évident à la vue des courbes graphiques par lesquelles M. Bournet, par exemple, représente les accusations *urbaines* soit contre les personnes soit contre les propriétés, comparées aux accusations *rurales*. Les villes deviennent les exutoires criminels des champs. Elles les écument moralement pendant que intellectuellement, elles les écrèment. D'ailleurs, c'est un laps de temps considérable qu'il faut embrasser pour être frappé du phénomène en question. Les pays de vendetta, la Corse et l'Italie méridionale, peuvent être considérés à cet égard comme des îlots de barbarie survivante au milieu de notre civilisation, quoique de plus en plus envahis par sa marée ascendante; or, par le chiffre extrêmement supérieur de leur criminalité vindicative et sanguinaire, autant que par le chiffre extrêmement inférieur de leur criminalité voluptueuse et astucieuse, ils forment avec les pays tout à fait modernisés un parfait contraste.

Mais est-ce par suite d'un progrès de la pitié que les homicides ont relativement diminué? Non pas plus que l'augmentation des vols, des abus de confiance, des faux, n'est due précisément à un progrès de l'égoïsme. Tout s'explique simplement par la *voluptuosité* toujours crois-

[1] Même en admettant que la civilisation moralise, et pour ma part je n'en doute pas, elle est de date si récente qu'on peut se demander si elle a eu seulement le temps de détruire l'œuvre démoralisatrice, nous dit-on, de la longue période antérieure, et de nous ramener au niveau moral de nos premiers aïeux. — Ce qui est certain, c'est la transformation des mœurs et de la morale.

sante de nos mœurs, aussi bien l'augmentation des infanticides[1], suite des progrès du libertinage, que la diminution des homicides par point d'honneur, préjugé mal conciliable avec l'amour effréné du plaisir ; aussi bien l'accroissement des délits contre les propriétés que celui des attentats à la pudeur. Le voleur, l'escroc, le faussaire sont de plus en plus des viveurs aux abois. Un souffle de lascivité dissolvante, plus que de bonté, a passé sur nos cœurs[2] ; nul n'échappe à l'oppression de ce vent d'autan ; tous nous sommes poussés, quelques-uns renversés ; et le nombre croissant de ces chutes, appelées délits, peut servir à mesurer l'énergie croissante de l'impulsion commune. Toutes les grandes civilisations, semble-t-il, ont abouti là, comme au dernier terme de la sagesse ou de la félicité.

La disparition graduelle de la vendetta, de la vengeance héréditaire et à main armée, au cours de la civilisation, prouve-t-elle que la soif de vengeance ait décru ? Elle a plutôt changé de forme. Si les représailles des armées en temps de guerre sont moins atroces, celles des partis politiques, pour être masquées de grands mots, n'en sont que plus venimeuses, et j'avoue qu'au milieu de ce déploiement continuel d'animosités hypocrites, mais féroces, je suis peu touché de voir les criminalistes se scandaliser du mot de *vindicte publique* employé encore par quelque

[1] L'accroissement des infanticides, bien qu'assez faible, est significatif comme signe du relâchement des mœurs, car, pendant qu'il s'opérait, la honte attachée à la maternité illégitime allait diminuant au lieu de grandir.

[2] Les scandales, nullement exceptionnels, révélés par la *Pall Mall Gazette*, nous ont édifiés sur la moralité de la nation réputée, à bon droit peut-être, la plus chaste du continent, et précisément dans ses classes les plus civilisées. La surexcitation nerveuse et l'affaiblissement musculaire, effet du développement de la vie urbaine, conduisent à la nymphomanie et au priapisme. L'amour plus précoce, l'amour plus prolongé, l'amour plus libre et plus infécond : à ces signes surtout se reconnaît, soit dans une nation, soit dans une classe, l'avancement en civilisation. Voir Taine, *Ancien Régime*, sur les mœurs aristocratiques du dix-huitième siècle.

avocat général retardataire. — Plus de coups de fusil derrière une haie; mais, en revanche, délations lâches, procès scandaleux, décharge de calomnies verbales ou imprimées. Il est possible qu'on soit devenu moins sensible aux simples outrages, aux lésions de l'honneur; l'est-on moins à une atteinte quelconque des intérêts? Une haine de famille, après tout, est une dette paternelle. La préoccupation du mal futur à éviter plus que celle du mal passé à venger est un sentiment très utilitaire, mais peu esthétique, où se montre bien le progrès de la prévoyance qu'il convient de noter après le progrès du désir de bien-être. On est plus calculé, voilà tout. L'amour croissant du plaisir devait se compléter par la crainte croissante de la douleur ou de la gêne.—Je serais donc disposé à trouver les criminalistes italiens trop sévères pour leur propre nation quand le chiffre fort élevé de ses homicides les fait rougir de honte. Il faut songer que la plupart de ces homicides sont imposés par la coutume, comme les duels le sont parmi nous, et que, si les assassins de là-bas sont qualifiés criminels, nos duellistes mériteraient presque autant cette épithète. La vendetta est un assassinat précédé d'une déclaration de guerre, en quoi elle diffère profondément de l'assassinat véritable et est une guerre ou peu s'en faut. « Il y plus d'assassinats en Corse qu'ailleurs, disait Mérimée, mais jamais vous ne trouverez une cause ignoble à ces crimes. » On en pourrait dire autant de l'Italie et de ses meurtres impétueux. Remarquons que, si les homicides y abondent, les infanticides y sont rares. En 1880, j'y compte 82 crimes de ce dernier genre, contre 184 commis en France, quoique la proportion des naissances illégitimes soit plus forte chez nos voisins.

Non, si les mœurs se sont adoucies, ce n'est pas que les âmes soient devenues meilleures. On a essayé de montrer[1]

[1] Voir Loria, *Carlo Darwin e l'Economia politica.*

que, à l'opposé de ses effets, réels ou prétendus, dans le monde animal, la concurrence pour la vie a pour résultat dans nos sociétés commerçantes de faire survivre les plus faibles, les plus mal doués, les plus paresseux. C'est contestable; mais il est certain que la lutte militaire a eu pour conséquence, en temps de civilisation comme en temps de barbarie, le triomphe des nations les plus dures, les plus avares, les moins scrupuleuses. Combien le vaincu l'emporte presque toujours en moralité sur le vainqueur : l'Égyptien sur l'Hyczos, le Grec sur le Romain, le Gallo-Romain sur le Germain, l'Anglo-Saxon sur le Normand de Guillaume, l'Arabe sur le Turc, le Chinois même sur le Tartare! J'en dirai autant de la lutte politique, où l'avantage, *cœteris paribus*, est au plus affranchi de toute règle morale. Il en est ainsi depuis l'Inde, — où, d'après Lyall, les clans purs et honnêtes des Radjpoutes, par exemple, sont refoulés par les clans impurs tels que les Minas, refuge d'aventuriers, et le seraient bien davantage sans la domination anglaise qui s'interpose,— jusqu'à notre Europe, où le pouvoir passe aux mains des agents électoraux. — Si donc un progrès moral dans le sens de l'humanisation graduelle s'est opéré, c'est malgré la guerre, malgré la concurrence vitale, en vertu de causes internes et non extérieures.

Ces causes internes, puisées dans l'essence même de l'être social considéré comme tel, nous n'aurons pas de peine à les découvrir [1]. Une bonne définition du délit

[1] Peut-être faut-il, pour une part, attribuer à l'action prolongée de la peine de mort le mérite d'avoir agi en sens inverse de la guerre. « Lombroso, dit Garofalo, ne craint pas d'attribuer la supériorité morale des cœurs dans notre siècle, relativement au passé, à l'épuration de la race par la peine de mort. *La potence, à laquelle ont été conduits chaque année des milliers de malfaiteurs, a empêché la criminalité d'être plus répandue de nos jours dans nos populations.* Qui peut dire ce que serait aujourd'hui l'humanité si cette sélection n'avait été opérée, si les délinquants avaient pu faire souche, si nous avions parmi nous la progéniture innombrable de tous les voleurs et de tous les assassins des siècles passés ? » Comparer

suffira à nous les suggérer. Un acte est-il délictueux, par le seul fait qu'il offense le sentiment moyen de pitié et de justice? Non, s'il n'est pas jugé délictueux par l'opinion. La vue d'un massacre belliqueux soulève en nous plus d'horreur que la vue d'un seul homme assassiné; nous plaignons plus les victimes d'une razzia que celles d'un vol; pourtant le général qui a ordonné cette boucherie et ce pillage n'est pas un criminel. Le caractère licite ou illicite des actions, par exemple du meurtre en cas de légitime défense ou de vengeance, et du vol en cas de piraterie ou de guerre, est déterminé par l'opinion dominante, accréditée, dans le groupe social dont on fait partie. En second lieu, tel acte qui est prohibé par cette opinion, s'il est accompli au préjudice d'un membre de ce groupe *ou même d'un groupe plus étendu*, devient permis au delà de ces limites.

Ce double principe se vérifie aussi bien parmi les civilisés qu'au sein des tribus sauvages, comme Tylor l'a indiqué. Seulement, à mesure que la civilisation progresse, le

cette remarque avec celle de Garofalo (p. 246). Il attribue aux lois sanguinaires d'Édouard VI et d'Élisabeth d'Angleterre contre les vagabonds et les oisifs, et aux soixante-dix mille pendaisons de vagabonds et d'oisifs qui en ont été la suite (d'après Karl Marx), « la moindre criminalité actuelle de l'Angleterre, comparée au reste de l'Europe. » La considération est sérieuse (car, entendue au sens d'élimination de ce qui nuit, la sélection darwinienne est d'une efficacité bien plus incontestable que comme triage de ce qui est utile). Mais, en même temps que les *non-conformistes délinquants* étaient éliminés de la sorte par la potence, les *non-conformistes inventifs*, initiateurs, étaient retranchés et empêchés de se reproduire, soit par le bûcher des hérétiques, soit par le célibat des prêtres et des religieux (parmi lesquels se recrutaient presque tous les savants et les philosophes). — Or ne semble-t-il pas, soit dit en passant, qu'après des centaines de siècles de cette double épuration la société moderne sortie de là aurait dû se composer d'individus remarquablement *conformistes*, conservateurs, traditionnalistes par tempérament? — Eh bien! Rien n'y fait; une éruption d'invention et de révolution a eu lieu, telle que jamais on n'en a vu de semblable. — Ne dirait-on pas que le fond de l'être vivant est une source de différences toujours prête à se faire jour à travers tous les obstacles, intarissable malgré toutes les machines à épuisement?

groupe social dont l'opinion s'impose à la conscience de l'individu et constitue sa loi morale va s'élargissant, et le groupe social dont les frontières circonscrivent le champ d'application de cette loi morale, inapplicable en dehors d'elles, s'agrandit plus rapidement encore. — L'écart entre ces deux groupes finit par devenir énorme chez les âmes très élevées dont la moralité, respirée dans le cercle étroit d'une élite humaine (quintessence, il est vrai, de plusieurs grandes nations et civilisations passées ou présentes), leur crée des devoirs envers l'humanité tout entière, envers l'universalité même des êtres vivants. Si, au-dessous d'elles, cet écart est bien moindre, il ne cesse de grandir. Le sauvage ne s'occupe que de sa petite tribu et ne se croit tenu à quelques obligations qu'envers elle et quelques tribus voisines. L'Athénien, avant Socrate, ne comprend l'honnêteté qu'au sens athénien du mot et dans les limites du Péloponèse ou de la Grèce. Le Romain de l'empire, qui reçoit ses inspirations morales de Rome et d'Athènes combinées, étend ses relations morales à toute la *romanité*. Le chrétien du moyen âge obéit au code moral d'une société déjà très vaste, la chrétienté, et, malgré son horreur de l'infidèle, il se reconnaît des devoirs envers tout le genre humain, parfois même les met en pratique. Trop souvent cependant, à l'époque féodale, les préceptes généraux du christianisme sont singulièrement particularisés et dénaturés dans chaque fief par la tradition locale qui y règne, par les provincialismes moraux pour ainsi dire qui s'y superposent ; et il est rare que le chrétien d'alors se fasse scrupule de tuer ou de piller le musulman ou le juif, sinon l'hérétique et le schismatique. Aujourd'hui, le Français, possesseur d'une morale plus complexe encore, à la fois chrétienne, classique et moderne, écho de Rome, d'Athènes, de Jérusalem, de Paris et de toute l'Europe civilisée, se croit obligé de respecter les personnes et les biens des nations demi civilisées, j'allais dire barbares, quoiqu'à vrai dire sa conduite envers les Arabes d'Afrique, les Annamites de Cochinchine et force tribus insulaires atteste un affaiblissement déplorable du sens moral, dès que certaines frontières reculées de race et de civilisation sont franchies.

Maintenant, comment s'est opéré cet élargissement progressif du double cercle concentrique de la morale ? N'est-ce pas par le rayonnement continu des imitations d'homme à homme et la lente assimilation qui en résulte, source de nouvelles sympathies[1] ? Cette propagation ambiante des exemples, aussi nécessaire, aussi constante socialement que l'est physiquement la propagation ambiante des ondes lumineuses ou sonores, amène toujours le triomphe de quelque forme de civilisation momentanément dominante; et, par suite de ce nivellement général (européen de nos jours, asiatique à d'autres époques), les membres des différentes nations baignées dans une même atmosphère civilisatrice sont portés à se traiter en *compatriotes sociaux*, quoique étrangers politiquement ; puis, par habitude prise, ils en viennent à avoir un peu plus d'égards même envers les peuples encore réfractaires à la contagion. L'action continue de l'imitation a fait ce grand progrès moral ; on aurait tort d'y voir l'effet d'une amélioration interne des cœurs et d'un sentiment plus profond de la justice, changement interne qui, s'il est réel, est la suite et non la cause de ce progrès. Si quelque cataclysme anéantissait nos chemins de fer et nos télégraphes et nous en dérobait le secret, si quelque grand mouvement fédéraliste venait rompre en mille morceaux l'unité de nos grands États, et si nous étions ramenés de la sorte à la rareté des communications, à l'isolement local d'il y a trois ou quatre siècles, les mœurs, les idées, les habitudes se particularise-

[1] Au quinzième siècle, dans certaines régions de l'Italie, *où ne pénétrait pas la culture*, les gens de la campagne tuaient régulièrement tout étranger qui tombait entre leurs mains. Cette coutume existait notamment dans les parties reculées du royaume de Naples. (Burckardt.)

raient danschaquecanton, et avant peu nous verrions peut-être les guerres redevenir féroces comme celles de Trente ans, même sur le territoire européen, les villes pillées, les femmes violées, le tout conforme au droit des gens [1].

De quels bienfaits, même moraux, nous sommes donc redevables aux inventeurs industriels, aux esprits imaginatifs de tout genre qui ont frappé et monétisé des idées ingénieuses et utiles, aussitôt mises en circulation ! En voici une qui, dans son temps, tout étrange qu'elle est, a été sans doute nécessaire pour faire sortir la morale de son berceau familial, le premier cercle où elle a été renfermée, avant même celui de la tribu. Il s'agit de la coutume, en vigueur chez tant de peuples sauvages, barbares aussi bien ou demi-civilisés, qui consiste à cimenter une alliance par le mélange de quelques gouttes de sang prises aux divers contractants, lequels boivent ensuite en commun cet affreux breuvage. Ce procédé répugnant, dit Tylor, « est digne de respect et d'admiration au point de vue de l'éthique. En effet, *le plus grand progrès de la civilisation consiste à élargir de plus en plus le cercle des devoirs mutuels* et des attachements, et ce n'a pas été un fait sans importance dans l'histoire de l'humanité que la *découverte* d'un moyen solennel d'étendre au delà des limites étroites de la famille les devoirs et les affections de la fraternité. » Cette façon de concevoir le progrès moral comme

[1] Le non-civilisé qui vit isolé dans sa petite corporation y fait monde à part ; l'homme du dehors n'a presque rien d'humain à ses yeux, c'est une proie ; le tuer, c'est faire acte de chasse ; le piller, c'est cueillir une baie sauvage dans un lieu inculte. Pour lui, en effet, sa tribu, sa cité, c'est ce qu'est pour nous la grande famille européenne. Et nous sommes aussi coupables en tuant ou volant un étranger de notre Europe qu'il peut l'être en tuant ou volant un homme de sa cité, de sa tribu. Or sommes-nous plus humains envers les Européens qu'eux envers leurs parents et leurs voisins ? Voilà la question. Quant à nos rapports avec les véritables étrangers pour nous, c'est-à-dire avec les barbares ou les sauvages d'Afrique, d'Amérique ou d'Océanie, encore une fois, on sait ce qu'ils sont : massacre, pillage, abominations de toutes sortes.

une suite de découvertes limitées rentre, on le voit, dans mon point de vue général [1]. Elle permet de rattacher intimement le progrès moral au progrès industriel et au progrès scientifique, tous trois dus à des accumulations d'ingéniosités heureuses [2]. Pour chacun d'eux, il faut distinguer entre le faisceau même plus ou moins logique et utile des découvertes, formé spontanément sur divers points du globe, et son succès plus ou moins étendu et profond. La civilisation se saisit du plus cohérent de tous ces faisceaux, et elle a pour effet de resserrer son lien systématique tout en accélérant sa diffusion.

Il est donc bien certain que la civilisation est par elle-même et au sens susdit moralisatrice; il suit même de là que, poussée à bout, elle devrait avoir pour conséquence la résorption du délit, et dévorer sa criminalité propre en quelque sorte, comme certains foyers leur fumée. En effet, qu'on suppose une société où le double travail d'adaptation et de conformisme, d'accord logique sous deux formes différentes, ait atteint son terme; où d'une part l'harmonie de tous les éléments qui constituent son type de civilisation soit devenue parfaite, toute contradiction entre les croyances qu'elle embrasse, toute discordance entre les besoins qu'elle nourrit, étant éliminée; où, d'autre part, la conformité de ses membres les uns aux autres ait fini par exclure toute dissidence; il est clair qu'on n'y verrait presque jamais éclore un crime ni un délit véritables, c'est-à-dire jugés tels par l'opinion [3], dont l'indulgence, il est

[1] Voir mon étude sur les *Traits communs de la nature et de l'histoire*. *Revue philosophique*, septembre 1883.

[2] Il suffit souvent d'une découverte, même purement scientifique, pour faire tarir la source d'un certain genre de crimes. Par exemple, n'est-il pas bien présumable que les découvertes de la chimie contemporaine ont contribué en majeure partie à la diminution très notable de l'empoisonnement, devenu le *crime des ignorants*, après avoir été, au dix-septième siècle, celui des gens du monde? C'est que ce crime, jadis le plus sûr de l'impunité, est réputé de nos jours le plus dangereux pour le malfaiteur.

[3] Le genre de crime le plus excusé, le moins réputé crime, le

vrai, pour certains actes réputés par nous délictueux, se serait adaptée à leur fréquence insurmontable. Il en serait ainsi, du moins, aussi longtemps que cette société se maintiendrait pure comme sa race, isolée, sans rapports commerciaux ni militaires avec des civilisations différentes formées d'éléments perturbateurs de la sienne. De même, suivant une conséquence qu'on peut tirer de la théorie parasitaire en médecine, un organisme normal, exempt de tout microbe délétère importé du dehors, ne présenterait jamais le moindre bouton, la moindre maladie proprement dite. Mais, avant d'arriver à cet état de pureté idéale, et même pour y arriver, une société en progrès doit multiplier ses rapports extérieurs, renouveler, grossir par des afflux incessants, parfois incohérents, son bagage de découvertes qui suscitent les systèmes et les programmes les plus inconciliables et engendrent un trouble extraordinaire des consciences: d'où une poussée momentanée de délits. Les délits sont en quelque sorte les éruptions cutanées du corps social; indices parfois d'une maladie grave, ils révèlent l'introduction, par le contact avec les voisins, d'idées et de besoins étrangers en contradiction partielle avec les idées et les besoins nationaux. Voilà peut-être pourquoi, si l'on examine avec soin les diverses cartes de la criminalité et de la délictuosité, *soit contre les personnes, soit contre les propriétés*, des départements français, on sera frappé de voir, *dans toutes*, les départements du

moins crime enfin, dans un pays, est précisément celui qui y est le plus usité, à savoir, souvent, le meurtre dans le Midi, le vol dans le Nord. Il fut un temps, sous l'ancien régime, où, le jeu étant devenu une fureur générale, tricher au jeu n'était pas plus déshonorant que l'adultère en tout temps ou, de nos jours, la palinodie politique. Il en est et en sera toujours ainsi de toute malhonnêteté au service d'une passion forte et répandue. Aussi, nous le savons, dans l'Italie septentrionale, le jury, toujours fidèle écho de l'opinion, excuse-t-il plus facilement les vols que les meurtres et montre-t-il une indulgence inverse dans l'Italie du Sud. Le jury français est soumis à des variations du même genre. Au point de vue de l'efficacité de la répression, c'est justement, répétons-le, le contraire qui devrait être.

centre, à l'exception des grandes villes, présenter les teintes les plus claires, et les teintes les plus foncées se répartir, au contraire, sur le littoral et en général sur les frontières, c'est-à-dire sur les régions les plus ouvertes aux influences étrangères et aux nouveautés remuantes[1].

Quoi qu'il en soit de cette conjecture, n'est-il pas vrai que, pour bien sentir l'importance de la criminalité, il faut, au-dessous des crimes et des délits enregistrés par la statistique, entrevoir, deviner les demi-crimes, les demi-délits, les infractions à l'usage et les violations impunies de la loi, qui pullulent dans les nations en *fermentation*. L'*embryologie du délit*, dont l'école positiviste se préoccupe avec raison, doit être étudiée de la sorte à mon sens, c'est-à-dire *à partir des premières et des plus légères dissidences individuelles dans un milieu rigidement conformiste* jusque-là[2], et non précisément à partir des premiers vols ou homicides commis par nos ancêtres animaux, quoique cette dernière étude ait certainement aussi son intérêt. Or, si l'on pouvait remonter ainsi toujours à la source sociale de chaque genre de délit, on verrait que le principe initial de la fermentation dont il s'agit à été l'im-

[1] Ce fait ne se vérifie pas, il est vrai, en ce qui concerne l'Espagne. D'après l'étude déjà citée de M. Jimeno Agius, ce sont les provinces du littoral qui, avec celles du Nord, donnent la moyenne de crimes et de délits de tous genres, de *delitos* et de *faltas*, la moins élevée. Mais il faut dire que les unes et les autres sont également les parties les plus laborieuses, les plus riches et les plus éclairées de la Péninsule, et que les grands ports et les grandes agglomérations, rares en Espagne, ne viennent point ici neutraliser par leur influence dépravante, comme chez nous, les bons effets du travail et de l'aisance.

[2] Le concile de Latran recommande aux évêques de se faire soigneusement dénoncer dans leurs tournées pastorales « les gens menant une vie singulière et différente du commun des fidèles. » Rien ne peint mieux que ce texte le lien établi, dans toute société fixée, entre la coutume et la morale. — Aristote, dans sa politique, semble avoir dicté d'avance les prescriptions du Concile de Latran : « Surveillez soigneusement, dit-il, la conduite privée des citoyens qui aiment les innovations. Vous établirez un magistrat pour inspecter toute manière de vivre qui ne s'accorderait pas avec l'esprit du gouvernement, etc. »

portation de quelque nouveauté industrielle ou intellectuelle. Il est clair, par exemple, que l'introduction du protestantisme dans les pays catholiques, au seizième siècle, par le trouble profond apporté à l'ancienne foi établie, y a mis deux morales en conflit, au détriment passager de la moralité. Les idées dites révolutionnaires ont exercé la même perturbation de notre temps. Peut-être salutaire? Acceptons-en l'augure.

On voit qu'il n'y a pas trop lieu, en somme, de gémir sur l'accroissement de notre délictuosité. Ce n'est pas qu'il convienne de nous rassurer d'après les considérations de M. Poletti, que nous avons ci-dessus combattu. Mais mon point de vue est encore plus consolant et touche de près au sien, malgré leur différence profonde. Il s'est trompé, je crois, en se persuadant que la somme du travail déshonnête est liée à celle du travail honnête, et que le rapide développement de ce dernier dans notre siècle explique l'accroissement d'ailleurs bien moindre du premier. Le *travail* honnête, qui est un ensemble d'actes d'imitation de la majorité, tend à fortifier le conformisme général et ne saurait avoir pour effet de stimuler le travail déshonnête, qui consiste en dissidences. Mais, remarquons-le, chaque nouvelle branche du travail honnête, chaque nouvel affluent de son fleuve est le résultat de quelque invention qui a commencé par être, elle aussi, une dissidence; et il est possible qu'il y ait un lien entre l'abondance de ces dissidences-là, mères de notre prospérité, et le nombre des dissidences criminelles à notre époque. L'émancipation individuelle pourrait bien être la source des deux. Plus inventive encore et géniale que criminelle[1],

[1] On peut se consoler, par une considération analogue, du nombre croissant des fous. « On compte annuellement dans l'ancien monde, dit Morselli, environ trois cent mille fous, et la majeure partie se trouve en France, en Allemagne et en Angleterre, » justement dans les pays les plus inventifs. Reste à savoir si, dans ces contrées, il éclôt chaque année un nombre égal de talents ou de génies pour établir la compensation. Je crains bien que non.

mais criminelle peut-être un peu parce qu'elle est géniale, notre fermentation civilisatrice poursuit son cours; qu'en sortira-t-il? Espérons!

Espérons d'abord qu'elle finira par s'étendre au globe entier et, malgré ce qu'il en coûtera de pittoresque sacrifié, à jamais regrettable, par consommer l'assimilation universelle. Car c'est seulement alors que l'âge d'or, transfiguré, *pourra* renaître. Si vraiment toute civilisation une fois fixée moralise, c'est-à-dire parvient à expulser toutes les espèces d'immoralités contraires à son principe, en niant d'ailleurs et débaptisant les autres, — et si, par suite, la démoralisation dans une vieille société ne saurait d'ordinaire provenir que d'inoculations virulentes par son contact avec l'étranger, il s'ensuit que la stabilité d'une civilisation, et aussi bien de la moralité spéciale née d'elle, ne saurait exister qu'au début et à la fin de l'humanité civilisée: au début, quand les foyers urbains de civilisation, étaient séparés les uns des autres par des distances considérables, alors infranchissables, comme les étoiles du ciel, en sorte que chacun d'eux pouvait se maintenir inaltéré; à la fin, quand, après cette longue période de guerres et de révolutions, de conquêtes et d'épurations, qu'on appelle l'histoire, un seul et unique État, une seule et unique civilisation existera, sur la terre.

IV

CIVILISATION ET MENSONGE

Mais les considérations historiques, rassurantes en somme, qui précèdent, ne doivent pas nous empêcher d'attacher une signification sévèrement défavorable, surtout par un côté non encore envisagé, à l'accroissement contemporain, vraiment énorme, de la délictuosité astucieuse et voluptueuse. Cette progression n'implique pas seulement un débordement d'ardeur sensuelle, mais encore, ce qui est tout autrement triste, un déclin général de la véracité et de la bonne foi. De toutes les conditions qui favorisent l'éclosion du délit, même du délit brutal et violent, la plus fondamentale sans contredit est l'habitude du mensonge. Le meurtrier même doit mentir pour cacher ses préparatifs; devant le juge, il ment le plus souvent, quoique parfois, se faisant honneur de ses prouesses, il soit franc, mais se vante plutôt qu'il n'avoue. Le mensonge ne joue cependant ici qu'un rôle secondaire; il est au contraire, dans le vol, l'escroquerie, l'abus de confiance, le faux, l'élément essentiel. Quant aux délits contre les mœurs, ils en vivent, non par nécessité uniquement, mais avec délices; comme la couleuvre est tortueuse, le voluptueux est furtif et sournois par nature; qui dit séducteur dit menteur. Madame Bovary, d'après Flaubert, et c'est une de ses plus pénétrantes observations, mentait comme l'eau coule à la fontaine. Aussi, quand les voyageurs nous apprennent que certaines tribus sauvages ou barbares se signalent par leur probité ou leur pureté de mœurs, par exemple les Kouroubas, les Alfants, les Bades, les Konds, les Weddas, les Yézides, les Druses, nous ne devons pas être surpris d'apprendre en même temps qu'elles se distinguent par leur véracité scrupuleuse. L'amour du vrai, même déplaisant, est lié à l'amour du juste, même préjudiciable. Quoi qu'il en soit, imaginez dans la France actuelle des types de sincérité absolue tels que les Jansénistes du dix-septième siècle, espèce éteinte; sur de tels hommes, les passions mauvaises qui poussent à l'improbité, aux séductions immorales, à l'adultère, peuvent se donner carrière, elles échoueront devant cet obstacle, l'invincible répugnance à déguiser la vérité. Les Quakers sont-ils éminemment honnêtes parce qu'ils sont éminemment sincères, ou *vice versa?* On peut en douter. Ce sont là, avec quelques autres illustres exemples, les pics culminants de la loyauté humaine, d'où la nôtre découle peut-être, bien répandue, je le veux, mais bien affaiblie! Eussent-ils surgi de nos jours, si le passé ne nous eût légué ces modèles? De nos jours, en revanche, ont poussé des cimes intellectuelles dominantes; mais il n'en est que plus surprenant de voir au milieu de notre illumination radieuse de vérités découvertes, la véracité baisser, après avoir vu, au sein de l'erreur et de l'ignorance la plus profonde, grandir le culte ardent du vrai. Ce double phénomène est étrange. Il pose plusieurs problèmes qui méritent d'être éclaircis.

Puisque la délictuosité, surtout la délictuosité non grossière, est liée à l'esprit de mensonge, il s'ensuit que la question de savoir si le délit, surtout en ses formes raffinées, peut être refoulé et vaincu, revient à se demander si le mensonge peut être extirpé; en d'autres termes, s'il n'est pas des cas, des rapports dans la vie de société, où je ne dis pas l'utilité, mais la nécessité du mensonge s'impose, et s'il est à espérer que ces cas, ces rapports, disparaissent ou simplement diminuent au cours de la civilisation.

Que le mensonge soit utile, très souvent utile dans la vie, un menteur seul peut le nier. On ne sait trop si c'est le génie ou la mauvaise foi d'Annibal, de César, de Napoléon, qui a le plus contribué à leurs conquêtes, et si c'est la mauvaise foi ou l'activité de Carthage et de Venise qui leur a valu l'empire de la mer. Mais on peut douter que le mensonge soit nécessaire. Pourtant quel instituteur ne s'est cru le devoir, un jour ou l'autre, de répondre par un mensonge à une curiosité indiscrète de son élève? Quel ministre, pendant une guerre, ne s'est cru tenu en conscience à tronquer des dépêches, à publier des bulletins mensongers, à nourrir d'erreur l'enthousiasme militaire de son pays? Combien de pères libres-penseurs se croient obligés à envoyer leur fils, leur fille tout au moins, au catéchisme! On dit bien aux enfants, en les trompant, qu'il faut toujours dire la vérité; mais ils ne tardent pas à s'apercevoir que cette soi-disant règle souffre d'innombrables exceptions et est généralement violée chaque fois qu'elle est en conflit avec un intérêt majeur de la vie individuelle ou sociale. L'art d'aimer, avec ses compliments aussi faux que ses serments, c'est l'art de mentir, si j'en crois Ovide; l'art de gouverner, de même, si j'en crois Machiavel. Y a-t-il jamais eu un succès sérieux en amour sans tromperie, en politique sans calomnies, en religion sans hypocrisie, en diplomatie sans perfidies, en affaires sans roueries, en guerre sans guet-apens? Y a-t-il jamais eu de grande gloire sans un peu de charlatanisme? Il y a des cas où le simple silence quand on est questionné serait déjà une réponse compromettante, et où il n'y a pas de milieu entre révéler un secret important dont on a la garde ou mentir hardiment. L'honneur lui-même commande le parjure: il ordonne à l'amant d'une femme de jurer qu'il n'a jamais eu de relations intimes avec elle; au fils, à la femme, au parent de faire un faux témoignage propre à sauver la vie de l'un des leurs[1]. La morale du monde, en somme, est telle qu'elle défend absolument de mentir, sauf dans les grandes circonstances dont il vient d'être question, et aussi dans les petites, comme lorsqu'on fait répondre par son domestique qu'on est sorti; en sorte que l'application du précepte se restreint aux occasions qui ne sont ni petites ni grandes, sorte de zone mitoyenne très mal définie et susceptible de se rétrécir indéfiniment. — Chez les civilisés, « si quelqu'un, dit M. de Candolle,

[1] Les lois de Manou commencent par exhorter le témoin, dans les termes les plus solennels et les plus pathétiques, à dire toute la vérité, rien que la vérité — car « celui qui aura porté un faux témoignage sera précipité dans les gouffres les plus ténébreux de l'enfer.» Suit la description de ses affreux supplices. Puis on ne lit pas sans surprise que « toutes les fois que la déclaration de la vérité pourrait causer la mort d'un Soudra, d'un Vaiçya, d'un Kchatrya ou d'un Brahmâ, s'il s'agit d'une faute commise dans un moment d'égarement, et non d'un crime prémédité, un *mensonge est préférable à la vérité.* » — Voilà le principe inconscient d'après lequel nos jurés répondent si souvent *non* tout en pensant *oui.* On voit que la théorie des restrictions mentales remonte haut.

dépasse la limite ordinaire des petits mensonges et des indélicatesses, on crie haro, mais la limite est assez vague. » Quoique vague, cependant, elle existe; mais, ce qui est fâcheux, à mesure que le nombre des fripons augmente, elle se déplace dans le sens le plus favorable à la friponnerie[1]; car l'opinion, qui établit cette ligne de démarcation entre l'honnête et le malhonnête, est un singulier tribunal, influencé par ceux-là même qu'il condamne, et d'autant plus indulgent pour une espèce donnée de méfaits qu'elle abonde davantage, c'est-à-dire qu'il y aurait lieu d'être plus sévère. Pour preuve, les décisions de son fidèle écho, le jury. — Il y a donc lieu de croire, d'après l'augmentation numérique des vols, des escroqueries, des fraudes commerciales et conjugales, à notre époque, que le blâme du public à cet égard est de moins en moins rigoureux et que, sans ce relâchement de l'opinion, le chiffre de ces délits serait encore plus élevé.

Nous pourrions déjà nous permettre de conclure, ce semble, qu'il est peu de vérités historiques démontrées au même degré que l'universalité et la nécessité du mensonge, plus ou moins transformé d'ailleurs et raffiné. Si l'on observe qu'il y a deux manières de mentir, d'abord dire ce qu'on ne pense pas, puis dire ce qu'on pense avec un accent de conviction profonde qui masque un doute subsistant, on verra qu'il n'arrive pas une fois sur dix à un homme, même à un homme de science, de parler sans mentir. Concevez, par hypothèse, un État où tout le monde sans exception, le prêtre dans sa chaire, le journaliste à son bureau, le député ou le ministre à la tribune, le courtier électoral dans la campagne, le père et le mari dans sa maison, dirait, écrirait, imprimerait exactement

[1] Il est vrai qu'à l'inverse, là où le nombre des gens malhonnêtes diminue, cette même limite se déplace dans le sens le plus défavorable à la malhonnêteté. Jugées au point de vue d'un pays d'improbité, les friponneries d'un pays d'honnêteté seraient moins nombreuses encore.

ce qu'il pense et comme il le pense, et voyez s'il y a une seule des institutions sur lesquelles la société repose, famille, religion, gouvernement, qui pourrait, en l'état actuel des mœurs et des esprits, se soutenir un jour. Est-ce surprenant, quand on sait qu'il n'y a peut-être pas un système philosophique même qui ne s'appuie sur force entorses à la vérité des faits ?

Mais la question est de savoir si la marche de la civilisation tend nécessairement, malgré l'humiliante constatation qui concerne le temps présent, à développer l'esprit de mensonge, ou au contraire à l'affaiblir. Il y aurait ici des causes multiples à isoler. D'un côté, le progrès des sciences, l'extension du contrat, qui, comme le remarque Sumner Maine, devient de plus en plus la forme juridique propre à notre époque, enfin le nivellement social, tendent à fortifier les goûts et les habitudes de véracité. Quant à la dernière cause signalée, remarquons, en effet, qu'on est disposé à mentir aux gens, toutes choses égales d'ailleurs, en raison de la dissemblance qui nous sépare d'eux : on ment avec moins de scrupules à un enfant qu'à un homme fait, à une femme qu'à un homme comme soi, à un étranger qu'à un compatriote, à un sauvage qu'à un Européen[1]. Plus nous nous assimilons les uns aux autres, donc, plus nous devons être portés à être sincères. — Plus, par conséquent, nous sommes coupables en ne l'étant pas. En second lieu, l'incessant progrès dont j'ai parlé plus haut, je veux dire l'extension graduelle du champ des rapports

[1] Réciproquement, le sauvage ment bien plus aisément à l'Européen qu'au sauvage son compatriote ; d'où est venue cette réputation très imméritée d'effrontés menteurs que nos voyageurs ont faite aux indigènes des îles ou des autres régions non civilisées, par eux visitées rapidement. — Si nos paysans aussi sont réputés pour leur mauvaise foi, à tort peut-être, n'est-ce pas parce qu'on les juge d'après leurs rapports avec d'autres classes, avec celle des hommes d'affaires notamment, qu'ils ne se font guère scrupule de tromper ? Mais, dans leurs rapports mutuels, les paysans sont-ils moins probes et moins sincères que les hommes d'affaires entre eux ?

moraux entre hommes, suppose l'élargissement de la bonne foi, au moins en étendue. « C'est la confiance obtenue et *méritée* par le grand nombre, dit Sumner Maine, qui présente des facilités à la mauvaise foi du petit nombre. » Encore faut-il soigneusement distinguer ici le développement superficiel de la sincérité de son enracinement en profondeur. Sans doute, dans les textes anciens, « des actes de perfidie flagrante sont présentés souvent sans aucun blâme et quelquefois avec approbation. Dans les poèmes homériques, la finesse trompeuse d'Ulysse est célébrée comme une vertu du même ordre que la prudence de Nestor, la constance d'Hector et la bravoure d'Achille. » Mais c'est qu'en effet c'étaient là des qualités concourant au même but, des qualités essentiellement militaires. Les duplicités, les perfidies d'Ulysse étaient des *ruses de guerre*, louées comme telles dans ses rapports soit avec des ennemis déclarés, soit avec des étrangers dont il fallait se méfier à une époque où, quand il n'était pas un hôte, l'étranger était un ennemi redoutable, et où le domaine étroit de la cité, parfois de la tribu, circonscrivait la sphère des relations de morale et de droit. Reste à savoir si, dans ses rapports avec ses concitoyens, non hostiles, non rivaux à combattre et à exterminer, Ulysse était moins franc que nos généraux ou nos politiques d'à présent. — Mais, d'autre part, la civilisation, sous divers rapports, nous pousse en un sens opposé. D'abord, en substituant le régime industriel et commercial au régime militaire, elle affaiblit le courage: il en faut pour être véridique en toute occasion; et elle stimule la cupidité, qui multiplie les prospectus fallacieux, les falsifications et les ruses de toute sorte. Je renvoie au virulent chapitre de M. Spencer à ce sujet, témoin d'autant moins suspect qu'on sait sa prédilection pour l'industrialisme. Il est à propos de remarquer que le progrès de la prévoyance, lié au changement dont il s'agit, contribue à développer le calcul et la ruse. — En second lieu, les luttes politiques ont succédé aux querelles religieuses, les conflits d'intérêts aux conflits de convictions, les faiseurs aux confesseurs, la préoccupation du succès quand même à celle de la fidélité à tout prix. L'intelligence, regardée comme l'art de n'être jamais dupe, se développe de la sorte aux dépens du caractère, qui consiste à ne leurrer personne[1].

En troisième lieu, l'émancipation des esprits hors du dogme a multiplié les principes et les programmes individuels, d'où résulte un besoin croissant d'expédients et de transactions pour permettre à tant d'ennemis de vivre ensemble. Enfin, sur toutes les âmes faussées ainsi s'étend le maquillage obligatoire de la politesse, ce signe distinctif des peuples très anciennement civilisés, et d'autant plus trompeurs, tels que les Chinois. Où n'ira point l'hyperbole des nécrologies, par exemple, cette hypocrisie dont la suppression serait un scandale? Si les Alcestes deviennent de plus en plus rares, c'est que la franchise est une cause d'insociabilité toujours croissante. La multiplication des rapports personnels, et, par suite, des conversations, développe la médisance, et la médisance la duplicité. En effet, si l'on se faisait une loi dans le monde de ne point serrer la main ni faire bon visage à quelqu'un dont on vient de dire du mal, on finirait par se brouiller avec toutes ses connaissances. A l'opposé, il y a des gens qui disent du bien de tout leur prochain, et dont la bienveillance universelle ne saurait non plus se soutenir sans déguisements fréquents du fond de leur pensée. Être droit et adroit (comme l'était Duclos, d'après Rousseau), c'est l'idéal social; mais c'est presque la quadrature du cercle.

Somme toute, il semble bien, d'après la statistique des délits, que les influences contraires à la sincérité l'em-

[1] On peut rattacher au développement de la vanité la disposition si fâcheuse du public moderne à faire cas de l'intelligence a peu près exclusivement, et à mépriser presque la moralité non-intelligente. Il est de fait que les gens vaniteux, esclaves de la mode et détachés de la tradition, sont les plus portés à cette admiration exclusive du succès intellectuel, superficiel et retentissant.

portent aujourd'hui. Mais, à première vue, il paraît assez difficile de comprendre que la vérité se répande pendant que la véracité diminue, et que la sécurité soit en progrès pendant que la bonne foi est en baisse. Mais la sécurité qui augmente dans les pays en train de se civiliser est celle qui se fonde sur le jeu plus régulier des institutions mues par des courants plus forts d'opinion falsifiée plus ou moins, et non sur le caractère plus inaltérable des personnes, étayé de traditionnelles erreurs et de grands espoirs illusoires. Inutile d'ajouter que la confiance personnelle ne saurait diminuer au delà d'un certain point sans porter atteinte à la confiance impersonnelle même. — Puis, si la vérité, péniblement extraite, péniblement lancée, par une faible élite de chercheurs sincères, infime minorité, parvient à se faire jour de plus en plus au milieu de cette épaisse atmosphère de fausses nouvelles, de déclamations intéressées, de boniments qui remplissent chaque jour quatre-vingt-dix-neuf feuilles imprimées sur cent, c'est que les mensonges contradictoires doivent s'entre-détruire enfin et les vérités mutuellement confirmées leur survivre. C'est aussi parce que, le besoin de n'être pas trompé par autrui se développant encore plus que le besoin de tromper autrui, les agences créées pour répondre au premier se multiplient. Mais le métier, l'intérêt de celles-ci est de renseigner exactement ; elles n'ont donc pas le moindre mérite en général à ne pas mentir. Pour apprécier le progrès ou le déclin de la sincérité publique, il faut n'avoir égard qu'à la proportion des personnes qui ne mentent pas, parmi celles qui y ont intérêt. Du reste, les informations de plus en plus exactes et nombreuses qui viennent de toutes parts à l'homme civilisé, et de ses livres, et de ses journaux, et de ses amis, ne sont que la matière première de ses trames fallacieuses, théoriques ou pratiques, filets qu'il cherche à jeter sur le public; et plus la matière est riche, plus le tissu se déploie. Le public, au surplus, quoique altéré d'informations, de faits exacts et précis, est affamé d'illusions, d'idées rassurantes ou flatteuses; et on lui sert ce qu'il demande. — Il est remarquable que l'homme, — voire l'enfant, — naît à la fois très porté à croire tout ce qu'on lui dit et à ne pas dire ce qu'il pense. Rien n'est plus encourageant pour l'esprit de mensonge que cette double disposition primitive.

« Le soleil ni la mort, dit La Rochefoucauld, ne se peuvent regarder en face. » On dirait qu'il en est de la vérité comme du soleil et de la mort, et que son éblouissement ne saurait être affronté sans péril social, sinon toujours sans danger individuel. On dirait qu'il est une certaine quantité d'illusion [1], — variable d'après le temps et les lieux, — qui est nécessaire à une société pour se maintenir en son état normal, et qui doit être à toute force entretenue en elle par une émission constante de prédications, de plaidoiries, d'articles de journaux, de leçons, d'assertions de tout genre, soit hardiment mensongères, soit simplement erronées (et, dans ce dernier cas, provenant en partie d'impostures antérieures, c'est parfois le cas des religions). Par suite, si paradoxale que puisse sembler à plusieurs cette idée, l'erreur ne saurait diminuer dans une nation sans que le mensonge y progresse, tant

[1] Partout et toujours, la victoire est aux optimistes, aux peuples comme aux individus qui croient *à priori* la vérité belle et la vie bonne. Toute l'antiquité classique a eu des dieux souriants; l'Égypte elle-même, la plus grave des nations anciennes, a foi dans le triomphe final de la lumière sur les ténèbres, et le règne du bien. Or, pour s'assurer que l'optimisme est une erreur, il suffit, ce me semble, de songer à la durée infinie des temps écoulés. La vie universelle est une recherche inquiète. Mais qu'est-ce qu'un but toujours poursuivi et jamais atteint, après une quasi-éternité de tâtonnements, si ce n'est une chimère? et qu'est-ce qu'une poursuite sans but, si ce n'est la pire des malédictions? La durée même de l'univers atteste donc l'impossibilité de son heureux dénouement. Dire que le monde est un groupe immense et une éternelle série d'évolutions suivies invariablement de dissolutions, c'est dire que tout n'est, dans toute existence, qu'espérance et déception, flux incessant d'espoir suivi d'un reflux inévitable. Et il est bien tard pour supposer qu'il surgisse jamais enfin, au milieu de tout cela, quelque effort réussi, quelque élan non trompeur, quelque volonté non décevante!

que ses conditions fondamentales n'ont pas changé; et ce jeu de bascule du mensonge et de l'erreur serait, je crois, plus facile à prouver que la marche soi-disant inverse du suicide et de l'homicide, dont il a été question plus haut. Par exemple, il est dans un État quelconque une certaine dose de foi religieuse spéciale, qui est sentie indispensable au maintien de sa hiérarchie et de son harmonie constitutionnelle; à mesure que la contradiction de cette foi et des vérités scientifiques apparait aux têtes éclairées, celles-ci s'en détachent, puis, par degrés, tous les adultes ; mais on l'enseigne toujours aux enfants, et avec d'autant plus d'énergie qu'il y entre moins de conviction [1]. En outre, et surtout, les institutions que la religion soutenait, les devoirs qu'elle appuyait de ses mystiques promesses, exigent, elle ébranlée, de nouveaux étais, catéchisme officiels, dogmes de commande, morale d'apparat. Est-ce à dire d'ailleurs qu'il convient de rétrograder? Non, car, puisque le plus grand mérite de l'illusion religieuse consiste dans les mensonges dont elle dispense quand elle est sincère, elle perd presque toute sa valeur dès lors qu'il faut mentir pour la conserver. J'en dirai autant de l'illusion politique. Il y a un *minimum* de prestige dont un gouvernement ne saurait se passer, et qui se fonde d'abord sur des superstitions et des légendes populaires, enluminures du droit divin, erreur fondamentale un jour et vitale des sociétés. Quand elle s'évanouit, il faut chercher d'autres bases à l'autorité, mais ce sont toujours des fictions, seulement plus artificielles c'est-à-dire plus rationnelles, et plus sciemment fabriquées. Il faut des historiographes officiels pour accom-

[1] La position de l'Église officielle, en Angleterre, est particulièrement fausse. L'évêque de Rochester se félicite de voir « que l'Église anglicane devient chaque jour plus large et plus libérale. » Mais Goblet d'Alviella se demande « comment des esprits sincères arrivent à concilier cette largeur de vues avec l'admission des doctrines qui servent de base officielle à l'établissement. Il est, en effet, de toute évidence que les idées actuelles de l'Église large sont en désaccord avec l'esprit, sinon avec la lettre, des 39 articles. »

moder l'histoire, il faut des journalistes pour dénaturer les faits actuels, il faut des acteurs multiples pour jouer avec succès la vaste comédie du suffrage, soit restreint, soit universel, et se faire donner par l'opinion les ordres ou les compliments qu'on a dictés. Il le faut, sous peine d'échouer; ou du moins il le faut jusqu'au jour où, ayant suffisamment bu le vin du mensonge et tombées à fond dans le songe délirant de l'erreur, les populations peuvent impunément se passer de leurs échansons. Le patriotisme, autre grande illusion souverainement nécessaire, s'entretient de même, avouons-le. Fondé au début sur l'isolement de chaque peuple et sur l'idée absurde que chacun d'eux se fait sincèrement de ses voisins, cet immense orgueil collectif doublé d'un profond dénigrement de l'étranger doit plus tard, quand les peuples se sont vus de près, être alimenté de propos délibéré, à l'école et dans la famille, par ces panégyristes à demi sincères, à demi charlatans, qu'on nomme chauvins. Le chauvinisme est le patriotisme qui, se sentant décliner, crie d'autant plus fort : Vive la patrie! comme le « cléricalisme [1] » est la foi religieuse qui, se sentant faiblir, s'affirme et s'affiche d'autant plus énergiquement; comme le radicalisme, de droite ou de gauche, est la foi politique qui, se sentant mourir, réagit contre le scepticisme croissant par le dogmatisme plus accentué. Ce sont là trois formes contemporaines de cette combinaison singulière de

[1] Inutile d'avertir que j'entends ce mot dans son sens propre, un peu oublié, et non dans le sens abusif qu'on sait. Toute époque, toute nation un peu avancée en civilisation, a eu, dans le sens indiqué, ses cléricaux. Du temps de Cicéron, déjà la haute société romaine était arrivée au point où la religion, comme un saule creux, ne vit plus que par l'écorce, bonne encore comme abri. De nos jours, toute notre Europe donne le même spectacle, seulement bien généralisé. En Asie même, le scepticisme se répand dans les classes musulmanes élevées, par exemple en Perse, où les rationalistes, les *soufis*, pratiquent leur culte sans la moindre foi, hypocrisie transparente et approuvée, qui a, paraît-il, reçu le nom de *Ketman*. (Voir Elisée Reclus, *Asie antérieure*.)

charlatanisme et de fanatisme à doses égales, dont l'antiquité nous offre d'illustres exemples, — Pythagore notamment, si j'en crois M. Lenormand, — et que toute époque de transition verra renaître.

Sans doute, bien des formes du mensonge ont disparu, mais elles ont été remplacées avec avantage. Nous trouvons à l'origine de tous les peuples, chose remarquable, la sorcellerie, puis, ce qui est déjà un raffinement, les augures, les aruspices, les oracles (non seulement dans toute l'antiquité classique, mais encore, coïncidence significative, chez les Aztèques), puis les faux miracles, etc. Dès le sixième siècle avant Jésus-Christ, nous voyons se fonder l'orphisme. Or, « comme pour continuer plus fidèlement la tradition des Épiménide, des Aristéas, des Abaris et des Zamolsis, ces personnages singuliers dont le prestige semble fondé en partie sur l'imposture, ce fut un faussaire, Onomacrite, qui aida le plus à constituer la secte nouvelle. » (Jules Girard, *Sentiment religieux en Grèce.*) Le même auteur nous parle des « *Orphéotélestes*, qui, munis d'écrits apocryphes d'Orphée, fils des Muses, et de Musée, fils de Séléné, s'en allaient frapper à la porte des riches pour offrir leur ministère, apportant leurs formules et leurs rites expiatoires et remettant les péchés de toute la famille, depuis les ancêtres jusqu'aux petits-enfants. » Au moyen âge, on a vu le trafic des fausses reliques, plus tard la vente des indulgences. On sait le succès des fausses décrétales. La Renaissance italienne (V. Burckhard) a eu ses astrologues, et jusqu'à l'aube de ce siècle nous avons tous eu nos sorcières. Aujourd'hui florissent les médiums et les chiromanciens [1]. Mais, quand même ceux-ci viendraient à

[1] « En Afrique, dit Taylor, la ventriloquie nous offre des types parfaits de jonglerie. A Sofala, l'âme du roi entrait, après les funérailles, dans le corps d'un sorcier ; ce sorcier, prenant la voix du monarque décédé et l'imitant au point de tromper tous les assistants, donnait au nouveau monarque des conseils sur la manière de gouverner son peuple. »

disparaître aussi, les politiciens suffiraient à faire pencher en notre faveur la balance du mensonge.

On me dira : Comment se peut-il que le mensonge soit en raison inverse de l'erreur, qui est son effet ? Mais je nie que l'erreur naisse habituellement du mensonge, et que le mensonge d'ordinaire produise l'erreur. Les religions, par exemple, procèdent rarement de véritables imposteurs. Ce n'est pas dans leur période ascendante, c'est à l'heure de leur déclin que l'imposture y joue un grand rôle, et d'ailleurs elle ne fait alors que hâter leur discrédit ; mais leurs fondateurs ou leurs apôtres sont le plus souvent des enthousiastes, des visionnaires très sincères et très croyants ; la foi seule engendre la foi. Peut-être, il est vrai, eût-il été plus exact de dire que *l'enthousiasme* a décru quand le mensonge est forcé de grandir, afin que la quantité d'illusion subsiste à peu près la même. Mais le mensonge, en général, après un abusement passager, engendre le scepticisme et la méfiance. Aussi voit-on souvent les sociétés abreuvées d'impostures ne plus croire à rien, par la même raison qu'on voit les sociétés terrorisées ne respecter rien. Il y a, en effet, entre la terreur et le respect, socialement, le même rapport inverse que je viens d'établir entre le mensonge et l'erreur. Les gouvernements ne peuvent se dispenser d'être terroristes, despotiques et cruels, que dans la mesure où ils sont respectés ; et le respect qu'ils inspirent a pour cause non leur cruauté passée, mais la longue durée de leur force régulière et tutélaire, militaire et législative, orgueilleuse toujours. Car, comme la foi seule, l'hallucination, propage la foi au sein des peuples, l'orgueil seul leur inspire le respect, cet orgueil de reflet.

En somme, le problème social se pose ainsi : L'erreur, l'illusion, est nécessaire à l'ordre social, mais le mensonge, par la délictuosité qu'il favorise, lui est contraire. Il faut donc trouver une source d'illusion autre que le mensonge. Il n'y en a qu'une : j'ai nommé l'hallucination, j'aurais dû nommer l'imagination. De là le rôle incomparable des hommes imaginatifs à l'origine des civilisations. La science va ramassant ses fagots de tous côtés; mais c'est l'imagination qui les brûle pour la plus grande illumination des âmes.

Une vérité est découverte par un savant; comptez les menteurs qui l'exploitent, depuis les industriels qui la mettront dans leurs prospectus jusqu'aux théoriciens qui la logeront bon gré mal gré dans leurs systèmes. Tel découvre qu'il y a du fer dans le sang; aussitôt cent pharmaciens de mettre en vente des pilules de fer d'une efficacité plus ou moins douteuse, proclamée incontestable par mille certificats de médecins plus ou moins convaincus. La vulgarisation des sciences serait moralisatrice si elle contribuait à développer la véracité. Mais elle ne produit cet effet que sur une très faible partie du public, à savoir non sur le manufacturier ou le politique qui font de la science un instrument de domination et de richesse, ni sur le romancier ou le poète qui lui demandent de nouvelles émotions, mais seulement sur le savant qui emploie la science à faire progresser la science, mode d'emploi très spécial et très rare. L'organisme social, en somme, se défend contre la vérité qui l'assaille de toutes parts, comme l'organisme naturel contre les intempéries et les forces physiques. Il a besoin d'elle, comme l'être vivant a besoin des agents extérieurs, contre lesquels pourtant il est en lutte constante et sans lesquels il mourrait. De même, la société vit de vérités, de connaissances toujours renouvelées; elle consomme, pour se les assimiler, toutes celles que ses savants et ses philosophes lui fournissent. Ceux-ci sont situés sur les confins du monde social, qu'ils sont chargés de mettre en rapport avec l'univers, à peu près comme les cellules épidermiques et les tissus de l'œil reçoivent le choc des vibrations aériennes ou éthérées et les transmettent à l'intérieur du corps, où elles se brisent en mille fragments et se dévient de mille manières.

Maintenant, ce besoin social d'illusion, qui explique l'habitude du mensonge en raison inverse de l'erreur, et par suite la hausse ou la baisse de la délictuosité astucieuse, sur quoi est-il fondé? Il est fondé, et c'est là ce qui nous oblige à le croire immortel, sur le besoin même d'organisation sociale, c'est-à-dire d'accord logique, dans le sens social du mot. L'accord logique est, pour les sociétés comme pour les individus, la formation d'un faisceau de jugements et de desseins de plus en plus convergents, par l'élimination graduelle des jugements et des desseins que repousse ou contredit la majorité des autres [1]. La seule différence est que, en logique individuelle, les jugements ou les desseins à accorder sont inhérents au même individu, tandis qu'en logique sociale ils sont incarnés dans des individus distincts. Cette différence importe ici; en effet, pour l'individu, le désir d'être logique fait partie du besoin d'être sincère; et la répugnance à se démentir soi-même par la suite de ses actes ou de ses pensées seconde en lui le dégoût de mentir. Toute idée, tout projet, dès que son opposition avec une croyance plus forte ou avec un désir plus fort vient à apparaître, disparaît aussitôt, et l'épuration du système interne s'opère ainsi sans difficulté. Mais, en logique sociale, les propositions et les programmes à éliminer sont des hommes qu'on n'élimine pas et qu'il faut convertir, quelquefois par force, plus souvent par habileté. En outre, la poursuite d'un bien réel, saisissable et vrai, tel qu'un domaine rural, un héritage, la main d'une femme, est propre à produire individuellement la convergence logique des désirs; mais, socialement, elle n'est presque jamais propre qu'à diviser les désirs et placer la société sur un pied illogique. Car la possession indivise soit des terres et des troupeaux, soit des femmes et des esclaves, n'est possible qu'à l'origine, et leur partage forcé ensuite mécontente presque tout le monde. D'où la néces-

[1] Pour l'intelligence de ceci et de tout ce qui suit, je dois faire remarquer qu'à mon point de vue — mais ce n'est pas le lieu de le développer ici — l'Éthique et l'Esthétique se ramènent, au fond, à la Logique.

sité de susciter quelque grand objet imaginaire, ciel mystique, gloire patriotique, beau artistique, qui fait converger dans le vide et s'accorder idéalement les désirs de tous entre-heurtés sur terre [1]. Un halluciné ou un imposteur montre ce but, suggère cette vision; elle éblouit des aveugles et les fait marcher en bon ordre à la victoire. Quand les yeux seront dessillés, ils iront pêle-mêle à tâtons, redemandant leur rêve.

Il s'agit, par suite, pour supprimer les délits d'astuce, pour chasser la fourberie, d'accorder l'accord logique individuel avec l'accord logique social, c'est-à-dire de rendre ce dernier lui-même compatible avec la franchise. Il le faut, puisqu'une nation forte suppose de fortes individualités, droites et loyales. Or, si le système des idées et par conséquent des désirs d'un individu isolé peut s'établir logiquement sous l'empire d'un principe positiviste, il n'en est pas de même, comme il vient d'être dit, du système des idées et des vœux d'un peuple. L'individu, en s'associant, doit donc se soumettre à cette nécessité et partir de quelque postulat transcendant. C'est d'autant plus aisé pour la grande majorité des hommes que la religion établie se présente toujours à eux comme le plus logique, le plus cru, c'est-à-dire le plus croyable des systèmes. Tant que ce haut torrent de foi coule et arrose un peuple, c'est folie de chercher ailleurs l'inspiration et l'appui du devoir. Mais quand il se dessèche, que faire? La science apparaît; saluons! Cependant pour être un vrai croyant, dont la foi inébranlable implique une conduite invariable et rassurante pour autrui, on doit [2], non seulement être pénétré

[1] Les États-Unis, où les ressources d'un sol immense s'offrent pour rien au premier venu, semblent échapper par là à cette nécessité. Mais, vienne le moment où leur territoire sera rempli, — et déjà les meilleures places y sont prises,— le désir de s'y enrichir, qui aujourd'hui y est encore une cause d'union, y deviendra une source de luttes; et, pour y mettre fin, il faudra bien là aussi *sublimer* les désirs.

[2] C'est surtout des hommes publics, des gouvernants, qu'on est en droit d'exiger cette rigidité des principes. Car elle est, je me

de l'importance de certaines vérités, mais encore être persuadé que les connaître est le plus grand bien, que les ignorer est le plus grand mal, que leur rendre témoignage par ses actes est le premier et souverain devoir de l'homme. L'homme religieux est plein d'une foi pareille. Combien de temps s'écoulera-t-il avant que les vérités scientifiques ou philosophiques soient l'objet de telles convictions?

Il n'y a pourtant pas à espérer que l'esprit de mensonge soit exorcisé de nos sociétés, si ce n'est quand elles se seront installées de nouveau dans quelque majestueuse erreur stable et profonde, dans un *Credo* spécieux qui les oriente vers un idéal fascinateur. Ce sera, plus tard, l'œuvre de quelque puissant esprit, plus sincère que Pythagore ou Mahomet, espérons-le; mais ce ne pourra être que lorsque la source, aujourd'hui si abondante, des découvertes scientifiques, aura tari. Comme il n'y aura plus alors à se préoccuper que des anciennes, une synthèse philosophique, durable et définitive, sera possible, à l'ombre de laquelle l'humanité assoupie rêvera en paix, exempte de tous délits comme de tous maux... Mais nous, en attendant, s'il en est ainsi, consolons-nous d'être de notre siècle; et ne croyons pas acheter trop cher, au prix de tous nos délits et de tous nos crimes, et de tous nos mensonges même, nos lumières et nos découvertes, si du moins les plus respectables illusions ne valent pas à nos yeux les plus dangereuses vérités.

chargerais de le démontrer, la seule vraie garantie des gouvernés contre la possibilité de leurs crimes, la plupart impunis. Agir contrairement à ses principes, c'est, pour un homme d'État, un mensonge criminel. Or, je le demande, l'utilité de tels mensonges va-t-elle ou non en décroissant?

TABLE DES MATIÈRES

3713. — ABBEVILLE, TYP. ET STÉR. A. RETAUX. — 1886.

REVUE PHILOSOPHIQUE

DE LA FRANCE ET DE L'ÉTRANGER

Dirigée par TH. RIBOT

Agrégé de philosophie, Docteur ès lettres

11e *année*, 1886

La Revue philosophique paraît tous les mois, par livraisons de 6 ou 7 feuilles grand in-8, et forme ainsi à la fin de chaque année deux forts volumes d'environ 680 pages chacun.

CHAQUE NUMÉRO DE LA *REVUE* CONTIENT :

1° Plusieurs articles de fond ; 2° des analyses et comptes rendus des nouveaux ouvrages philosophiques français et étrangers; 3° un compte rendu aussi complet que possible des *publications périodiques* de l'étranger pour tout ce qui concerne la philosophie; 4° des notes, documents, observations, pouvant servir de matériaux ou donner lieu à des vues nouvelles.

Prix d'abonnement :

Un an pour Paris.......................... 30 fr.

Pour les départements et l'étranger........... 33 fr.

La livraison.................................. 3 fr.

Les années écoulées se vendent séparément, 30 francs, et par livraisons de 3 francs.

www.ingramcontent.com/pod-product-compliance
Ingram Content Group UK Ltd.
Pitfield, Milton Keynes, MK11 3LW, UK
UKHW031840260826
14628UKWH00002B/505

9 782019 699819